예수 그리스도의 사도

The Apostoles of Jesus:
We Believe in One, Holy,
Catholic and Apostolic Church

거룩한 한 사도적 공교회 건설을 위한 몇 가지 묵상

예수 그리스도의 사도

권기현 목사

RℓF

목 차

서 문

조금 만만한 영웅들

어린 시절, 성경의 등장인물을 읽거나 배울 때면 자주 생각했습니다. '세상에 이보다 재미있는 이야기가 얼마나 있을까?' 대홍수 가운데 살아남은 노아, 믿음의 조상 아브라함, 온갖 역경을 딛고 일어선 야곱, 이스라엘 민족을 건져낸 모세, 전쟁 영웅 여호수아, 천하장사 삼손, 최고의 왕 다윗, 왕과 맞선 엘리야, 눈물의 선지자 예레미야, 사자굴에 들어간 다니엘, 세계 곳곳에 복음을 전한 바울….

제가 가장 좋아한 인물은 야곱입니다. 이유는 아마도 좀 만만해서입니다. 노아, 아브라함, 모세, 다윗, 다니엘과 같은 사람들은 하늘 꼭대기에 있는 사람처럼 보였습니다. 그들에 비해 야곱은 필자가 조금만 노력하면 어깨를 나란히 할 수 있을 것 같아서입니다.

신약성경에서는 베드로가 그랬습니다. 그는 열두 사도 중 으뜸이 되었으나, 다른 사람에 비해 잘못도 많이 저질렀습니다. 물 위를 걷다가 빠지기도 하고, 예수님의 말씀을 곡해하기도 했습니다. 여러 번이나 예수님의 책망을 들었습니다. 절대 배신하지 않겠노라고 큰소리치고선, 그날 밤 예수님을 세 번이나 부인했습니다. 그런 베드로에게 부활하신 예수님께서 찾아오셨습니다. 그를 용서해주시고 사명을 주셨습니다. 그래서 그런지 저는 신약성경의 인물 중에서는 베드로를 좋아했습니다. 베드로처럼 잘못을 범하고 넘어져도 예수님께서 다가와 일으켜 주실 것 같았거든요.

다른 아이들처럼, 저도 믿음의 선조들에게 자신을 투영해서 읽었습니다. 어쩌면 그것이 성경을 더 재미있게 읽은 이유인지도 모르겠습니다. 요셉과 그의 형제들 기사를 읽을 때면 배신에 치를 떨면서도 용서의 미덕을 배웠습니다. 기드온과 삼백 용사의 용기에 주먹을 불끈 쥐기도 했습니다. 예레미야와 함께 울었고, 에스겔과 함께 위로받았습니다. 사자굴에 들어간 다니엘을 읽으며 공포와 환희를 함께 느꼈습니다. 야곱과 베드로는 다른 누구보다도 깊은 공감으로 읽었습니다. 성경을 읽을 때만큼은 야곱이 나였고, 내가 야곱이었습니다. 베드로가 나였고, 내가 베드로였습니다.

첫 번째 충격

그러다 대학생 시절, 어떤 글을 읽다 큰 충격에 빠졌습니다. 고신대학교와 고려신학대학원에서 교수 선교사로 봉직한 한 네덜란드 목사님의 설교집입니다. 그분의 이름은 '고재수N. H. Gootjes'였고, 책 이름은 『구속사적 설교의 실제』였습니다. 그 책에는 신학교 경건회 때 전한 스물네 편의 설교 원고가 실려 있었습니다. 한편 한편이 짧은 원고였으나 평소에 생각하지 못한 해석과 적용으로 가득했습니다. 성경의 자증에 근거한 논증에 신선한 충격을 받았습니다. 그중 가장 큰 충격을 받은 것은 "도마의 불신앙"이라는 제목의 원고였습니다. 요 20:29를 수십 번은 읽었으나, "보지 못하고 믿는 자들은 복되도다"의 주어가 복수라고 생각한 적이 없었습니다. 그 글에서 고재수 목사님은 '도마는 예수님을 보고 믿어야 할 사도이며, 오늘날의 우리는 그분을 보지 못하고 믿어야 할 사람들'이라고 전했습니다. 그 이유는 도마는 사도이지만, 우리는 사도가 아니기 때문입니다. 사도는 교회의 터foundation를 닦는 사람이며, 우리는 사도들이 닦은 터 위에 있는 사람들이기 때문입니다. 누군가에게 망치로 뒤통수를 맞은 것 같았습니다.

　설교 시간에, 주일학교와 중고등부 성경공부 시간에, 사도와 우리의 공통점을 주로 듣고 배웠습니다. 베드로처럼 우리도 연약하다고…. 바울처럼 우리도 죄인 중 괴수라고…. 요한처럼 우리도 예수님께 사랑받는 제자라고…. 열두 제자처럼 우리도 예수님의 증인이라고…. 그래서 베드로가 세 번이나 예수님을 부인하는 장면을 읽으며 회개의 눈물을 흘렸습니다. 가룟 유다의 배신을 읽으며 분개했습니다. 열두 사도를 세우신 기사에 근거하여 소그룹 훈련을 받았습니다. 사도들을 보내신 기사에 근거하여 둘씩 짝을 지어 전도하러 나갔습니다. 오순절 성령 강림 사건을 읽을 때면 우리 교회에도 새 신자가 많아지길 기도했습니다. 사도들로 인해 큰 기사와 표적들이 발생한 것처럼 우리 교회에도 그런 일이 발생하길 기도했습니다. 셋째 하늘에 올라간 바울의 신비한 체험이 내게도 있길 기도했습니다.

　그러나 태어나서 단 한 번도 사도와 우리의 차이점을 듣거나 배운 일이 기억나지 않았습니다. 오늘날에도 사도가 있는지, 아니면 없는지 들어본 기억이 없었습니다. 사도가 어떤 직무를 위임받았는지 (불신자에게 전도해야 한다는 것 외에는) 들어본 기억이 없었습니다. 그래서 고재수 목사님의 설교집에서 읽은 내용은 너무나도 큰 충격으로 다가왔습니다.

두 번째 충격

　대학 졸업 후, 신학대학원에 들어갔습니다. 1학년 때 '사도적 교회

Apostolic Church'라는 용어를 접했습니다. 제가 속한 '대한예수교장로회 (고신)'가 '사도적 교회'라는 사실을 알게 되었습니다. '사도적 교회'만이 참 교회이며, 그렇지 않으면 구원이 없다는 사실을 알게 되었습니다. '사도'라는 주제와 관련한 두 번째 충격이었습니다. 그도 그럴 것이, '사도적 교회'라는 용어를 태어나서 처음 들었기 때문입니다.

그제야 비로소 '로마 천주교'와 '개신교'의 중요한 차이를 깨닫게 되었습니다. 전자와 후자 모두 '사도적 교회'를 자처합니다. 전자는 '사도의 후계자'(교황)가 있기 때문에 그렇다고 말합니다. 후자는 '사도가 전한 복음'을 설교하기 때문에, 그리고 그에 근거하여 성례를 시행하기 때문에 그렇다고 말합니다.

최근에는 '신(新)사도 운동'이 곳곳에서 활개를 치고 있습니다. 어떤 이는 사도를 자처합니다. 어떤 이는 사도 시대의 표적이 지금도 일어나고 있다고 주장합니다. 그러나 그것이 '사도적 교회'라는 증거가 될 수 없습니다.

세 번째 충격

어느덧 목사가 되었습니다. 약 7년의 목회를 잠시 중단하고 외국으로 유학을 떠났습니다. 유학 생활이 끝날 무렵, 선배 목사님으로부터 요청을 받았습니다. E국에서 사역하시는 선교사님과 함께 신학교를 개설하려고 하니 강의로 협조해달라는 요청이었습니다. 제 전공인 신약, 그중 '신약 정경론'을 가르치기로 했습니다. 이제 신학교를 시작했으니 모두 신입생들입니다. 정경Canon, 즉 구·신약성경 66권은 교회가 결정한 것이 아니라 그 신적 권위를 고백하고 받아들인 것이라고 가르쳤습니다. 그와 함께 매시간 학생들에게 '사도적 교회Apostolic

Church'가 중요하다고 강조했습니다. 진정한 의미에서의 '사도적 교회'
는 '사도가 전한 복음'을 설교하고, 그에 근거하여 성례를 시행하는 교
회라고 가르쳤습니다.

쉬는 시간에 여러 학생이 질문했습니다. '사도적 교회Apostolic
Church'는 이단이 아니냐는 질문이었습니다. 알고 보니 그 나라의 이
단 종파 중 하나가 그 이름을 갖고 있었습니다. 슬픈 일입니다. 우리가
그 용어를 잘 쓰지 않으니 이단 종파가 선점한 것입니다.(제가 공부한 영
국 웨일스 지방에는 같은 이름의 오순절주의 교단이 있습니다) 예전의 저와 마찬가
지로, 그 학생들 역시 선교사님이나 다른 이에게서 단 한 번도 '사도적
교회Apostolic Church'가 무엇인지 배운 적이 없었던 것입니다.

연속 강의 중 한 번은 다 함께 '사도신경The Apostles' Creed'을 고백한
후에 20분 쉬고 다시 만나자고 말했습니다. 말이 끝나기가 무섭게, 통
역하던 청년이 귓속말로 제게 말했습니다(그 청년은 선교사님의 아들이었습
니다).

"목사님, 이 학생들은 사도신경을 모릅니다."

소스라치게 놀랐습니다. 처음에는 '사도신경'을 암송하긴 하지만, 그
내용을 배운 적이 없다는 뜻인 줄 알았습니다. 그러나 정말 사도신경
이 무엇인지조차 몰랐습니다. 선교사님으로부터 사도신경을 듣거나
배운 적조차 없었던 것입니다. 너무나도 큰 충격이었습니다.

우리는 '사도적 교회'를 믿습니다

한국으로 돌아와 목회를 재개했습니다. 선교의 꿈을 품고 20년 이상
기도해왔지만, 원하던 곳으로 가지 못했습니다. 그 대신 교회가 저를
대구로 보냈고, 대구의 성도들은 저를 원했습니다. 선교 현지로 가지

못한 아픔은 아직도 제 가슴에 시리도록 남아 있습니다. '사도적 교회'를 선교지에 건설하기 위해 2013년에 만들어둔 문구는 이제 로뎀장로교회 주보에 새겨졌습니다.

로뎀장로교회는
1. **정통**

   그리스도의 참된 복음을 전하는 **사도적**Apostolic **교회**입니다.
2. **성경**

   영감과 무오성, 역사성과 참된 교리를 수호하는 **복음적**Evangelical **교회**[1]입니다.
3. **회복**

   천주교, 동방정교와 구별되어 참 신앙을 회복하는 **개신**Protestant **교회**입니다.
4. **역사**

   역사적 공교회 신조들과 신앙고백을 고백하는 **개혁주의**Reformed **교회**입니다.
5. **정치**

   장로회의 치리와 감독하에 질서를 유지하는 **장로**Presbyterian **교회**입니다.
6. **연합**

   신앙의 일치 속에서 연합하는 **보편적 공**Catholic **교회**입니다.

---

1) '복음적(Evangelical) 교회'는 '복음주의[Evangelistic(al)] 교회'와는 구별된 용어입니다. 후자는 교리를 균형 있게 가르치는 대신, 주로 회심과 중생을 강조합니다.

로뎀장로교회 성도는

1. **그리스도인으로서**

   초대교회의 3대 공교회적 신조 Ecumenical Creeds인 **사도신조, 니케아
   신조, 아타나시우스신조**를 고백합니다.

2. **장로교인으로서**

   장로교회의 표준 고백문서인 **웨스트민스터 신앙고백서, 대교리
   문답, 소교리문답**을 고백합니다.

3. **개혁신앙인으로서**

   개혁교회의 세 일치신조 Three Forms of Unity인 **도르트신조, 벨직
   신앙고백서, 하이델베르크 교리문답**을 신뢰합니다.

우리는 매 주일 공예배로 모일 때마다, 하늘에 좌정하신 왕 예수 그
리스도께서 사도들을 통해 주신 복음을, 이 땅 위에 서서 고백합니다.

   "우리는 하나의One 거룩하고Holy 사도적인Apostolic 공Catholic 교회를
   믿습니다."(니케아신조)

하나님께서 남기신 그루터기 위에 돋아난 열여섯 새싹 그리고 장차
더 돋아날 새싹을 위해, 우리는 '사도들이 전한 복음Apostolic Gospel'을
유업으로 남길 것입니다.

2021년 성탄 이브 새벽 고요한 서재에서

그리스도의 오심을 대망하며

사람 말씀

당신이 하늘을 가리키니
별들이 노래합니다
당신이 땅을 가리키니
육축과 들짐승이 찬송합니다
당신이 바다를 가리키니
물고기와 큰 용들까지도 송축합니다

하늘은 당신을 적어놓은 두루마리입니다
땅은 당신의 포고를 보관한 창고입니다
바다는 당신의 지혜를 묻어둔 깊음입니다

내게 말하고 싶어
당신 자신이 말이 되었습니다
나를 가지고 싶어
당신을 내게 주셨습니다
나와 함께 있고 싶어
당신은 오히려 떠나시고
나를 인도하기 위해
당신의 영을 내 속에 주셨습니다
그리고
내 말을 듣고 싶어
당신의 말을 내 입에 심었습니다

당신을 알고 싶어

날마다 당신을 읽습니다

당신을 품고 싶어

매 주일 당신을 먹고 마십니다

당신을 노래하고 싶어

내 평생 당신을 토해냅니다

당신을 전하고 싶어

이제 내가 당신의 말씀이 되고 싶습니다

머리말

한국 교회 안에는 '신(新)사도 운동'이라는 이단 사설이 활개 치고 있습니다. 이는 직통 계시, 은사주의, 신비주의, 이적과 초자연적인 성령의 역사 등으로 특징지어집니다. 외적으로는 교회 부흥과 영적 각성을 캐치프레이즈catchphrase로 내세우기 때문에 사람들이 매료되기 쉽습니다.

그러나 중요한 사실은 **오늘날에는 '사도'가 존재하지 않는다**는 점입니다. 교회사 가운데 정통 신앙을 계승한 교회는 (표현의 차이가 있을 뿐) 언제나 다음의 내용을 고백하고 가르쳐왔습니다.

> "사도는 교회의 기초(터)를 닦는 시기에만 존재한 특수한 직분이다. 반석이신 예수 그리스도 위에 교회의 터가 이미 닦였으므로 이제 사도는 존재하지 않는다. 그래서 사도를 가리켜 **'교회 창설 직원'**이라 부른다."

사도 역시 다른 그리스도인과 성정이 같은 사람입니다. 그들도 연약한 죄인이며, 그리스도의 은혜가 아니면 소망이 없는 자들입니다. 그러나 그 직무와 기능에서는 다른 그리스도인과 차이가 있습니다. 한마디로, 사도는 교회의 기초(터)를 닦은 직분자입니다. 교회의 기초공사는 단 한 번뿐입니다. 교회인 우리는 그들이 닦아놓은 터 위에 건축되는 사람-성전human-temple입니다.

제1부

사도의 자격과 직무

제1장

예수 그리스도의 임명과 교육

"이러하므로 요한의 세례로부터 우리 가운데서 올리워 가신 날까지 주 예수께서 우리 가운데 출입하실 때에[21] 항상 우리와 함께 다니던 사람 중에 하나를 세워 우리로 더불어 예수의 부활하심을 증거할 사람이 되게 하여야 하리라 하거늘[22]"(행 1 : 21~22)

"사람들에게서 난 것도 아니요 사람으로 말미암은 것도 아니요 오직 예수 그리스도와 및 죽은 자 가운데서 그리스도를 살리신 하나님 아버지로 말미암아 사도 된 바울은[1] … 형제들아 내가 너희에게 알게 하노니 내가 전한 복음이 사람의 뜻을 따라 된 것이 아니라[11] 이는 내가 사람에게서 받은 것도 아니요 배운 것도 아니요 오직 예수 그리스도의 계시로 말미암은 것이라[12]"(갈 1 : 1, 11~12)

'사도'는 어떤 사람입니까?

"선생님, '사도'는 어떤 사람인가요?"
"응, '사도'란 '보냄을 받은 사람'이란 뜻이야. 예수님께서 복음을 전하라고 보낸 제자들이지."
"그러면 목사님도 사도인가요?"
"음, 글쎄다."

어릴 때, 필자가 주일학교 선생님과 나눈 대화입니다. 누군가 여러 분에게 같은 질문을 한다면 어떻게 대답하시겠습니까?

호출과 임명

성경에서 '사도'라는 표현이 처음 사용된 시점은 예수님께서 열두 제 자를 부르시고, 그들을 '사도'라 칭하실 때부터입니다.

> "이때에 예수께서 기도하시러 산으로 가사 밤이 맞도록 **하나님께 기도하시고**₁₂ 밝으매 그 제자들을 부르사 그중에서 **열둘을 택하여 사도라 칭하셨으니**₁₃ 곧 베드로라고도 이름 주신 시몬과 및 그 형제 안드레와 및 야고보와 요한과 빌립과 바돌로매와₁₄ 마태와 도마와 및 알패오의 아들 야고보와 및 셀롯이라 하는 시몬과₁₅ 및 야고보의 아들 유다와 및 예수를 파는 자 될 가룟 유다라₁₆"(눅 6:12~16; 참고. 마 10:1~4)

> "또 산에 오르사 **자기의 원하는 자들을 부르시니** 나아온지라₁₃ 이에 열둘을 세우셨으니 이는 자기와 함께 있게 하시고 또 보내사 전도도 하며₁₄ 귀신을 내어 쫓는 권세도 있게 하려 하심이러라₁₅ 이 열둘을 세우셨으니 시몬에게는 베드로란 이름을 더하셨고₁₆ 또 세베대의 아들 야고보와 야고보의 형제 요한이니 이 둘에게는 보아너게 곧 우뢰의 아들이란 이름을 더하셨으며₁₇ 또 안드레와 빌립과 바돌로매와 마태와 도마와 알패오의 아들 야고보와 및 다대오와 가나안인 시몬이며₁₈ 또 가룟 유다니 이는 예수를 판 자러라₁₉"(막 3:13~19)

사도를 세우기 전, 예수님께서는 산에 오르십니다. 밤새도록 기도하며 하나님의 뜻을 물으십니다. 다음날 날이 밝자 사도를 세우십니다. 그러니 사도가 세워진 것은 하나님 아버지의 뜻입니다. 예수님께서는 이렇게 선택하신 열두 사람을 "사도"라 칭하십니다. 마가복음에 의하면, 사도들은 예수님께서 그분 자신이 원하는 자들을 지명하여 불러 세운 사람들입니다. 이상을 종합하면, 다음과 같습니다.

(1) 사도는 누구의 뜻으로 부르심을 받았습니까?

사도는 아버지의 뜻으로, 그리고 아들이 원하여 불러 세우신 자들입니다.

(2) 누가 사도를 세웠습니까?

아들이신 예수 그리스도께서 사도를 세우셨습니다.

(3) 누가 '사도'라는 칭호를 주었습니까?

아들이 그들에게 '사도'라는 칭호를 주셨습니다.

이상에서 도드라지는 특징은 사도가 되는 것은 철저히 **하나님의 주권**에 속한다는 사실입니다. 사도가 되고 싶다고 해서 될 수 있는 것이 아닙니다. 아무리 훈련을 받더라도 불가능합니다. 배교자 가룟 유다의 빈 자리를 대체할 사람을 선택할 때도 마찬가지입니다. 후보 자격이 있는 두 사람을 내세웠으나, 사람들의 뜻을 물어 투표하지 않습니다. 그 대신 하나님께 기도한 후 제비뽑습니다.

"저희가 기도하여 가로되 뭇사람의 마음을 아시는 주여 이 두 사람 중에 누가 주의 택하신바 되어[24] 봉사와 및 사도의 직무를 대신할 자를 보이시옵소서 유다는 이를 버리옵고 제 곳으로 갔나이다 하고[25] 제비뽑아 맛디아를 얻으니 저가 열한 사도의 수에 가입하니라[26]"(행 1:24~26)

제비뽑기는 구약 시대 하나님의 계시 방법 중 하나입니다.[1] **사도 선택은 오직 하나님의 주권에 속한 일입니다.**[2] 이는 이후에 이방인의 사도가 된 바울이 자신을 소개할 때 반복해서 전한 말씀이기도 합니다.

"사람들에게서 난 것도 아니요 사람으로 말미암은 것도 아니요 오직 예수 그리스도와 및 죽은 자 가운데서 그리스도를 살리신 하나님 아버지로 말미암아 사도 된 바울은"(갈 1:1)[3]

사도행전은 바울의 동역자인 의사 누가가 기록한 성경입니다. 바울은 원래 교회의 핍박자요 대적자였습니다. 그러나 교회를 핍박하기 위해 다메섹으로 가던 노중(路中)에 예수님께서 그에게 나타나셨습니다.

---

1) 예를 들어, 가나안 정복 후 기업의 땅을 분배할 때, 여리고 성의 전리품을 몰래 빼돌린 아간을 찾아내기 위해 제비뽑습니다. 정확히 알 수는 없으나, 대제사장의 판결 흉패로 시행하는 '우림의 판결법' 역시 제비뽑기였을 가능성이 있습니다[민 27:21; 참고. 출 28:30; 레 8:8; 신 33:8; 삼상 28:6(14:41~42; 23:6; 30:7~8); 스 2:63; 느 7:65].

2) 오늘날에는 제비뽑기로 직분자를 선출하지 않습니다. 그 이유는 첫째, 이제는 사도가 없기 때문입니다. 둘째, 오순절 이후 모든 신자에게 성령께서 내주하시기 때문입니다. 셋째, 완성된 성경을 가지고 있기 때문입니다. 다시 말하자면, 구속사의 진전 때문입니다. 그래서 이제는 신앙고백자(입교자)들, 즉 성령을 선물로 받은 하나님의 백성들이 투표하여 의결합니다. 교회 회의에서의 투표는 민주주의 제도에서 온 것이 아니라 성경에서 온 것입니다. 이에 대한 좀 더 상세한 설명으로는 권기현, "제3장. 장로들을 택하여 세우다", 『선교, 교회의 사명: 성경적인 선교를 생각하다』 (경북: R&F, 2012), 52~68; 동 저자, "제6장. 장로 선출과 임직", 『장로들을 통해 찾아오시는 우리 하나님: 성경적인 장로교회 건설을 위한 몇 가지 묵상』 (경북: R&F, 2020), 109~125를 참고하십시오.

3) 롬 1:1; 고전 1:1; 고후 1:1; 엡 1:1; 골 1:1; 딤전 1:1; 딤후 1:1; 딛 1:1~3도 참고하십시오.

그 후 그의 인생이 달라졌습니다. 그는 이방인의 사도가 되었습니다. 바울이 사도가 된 것은 베드로나 요한, 또는 다른 사도에 의해서가 아닙니다. 교회의 선출이나 추대로 된 것도 아닙니다. 예수님께서 친히 그를 호출하셨습니다. 지명하여 사도로 세우셨습니다. 바울이 예수님을 직접 만나 부르심을 받은 이 사건을 사도행전이 세 번이나 반복한 (사도행전 9장; 22장; 26장)한 것은 그가 정통성 있는 사도임을 강조하기 위해서입니다.

예수 그리스도의 계시

그런데 베드로는 사도의 자격으로 중요한 한 가지를 더 언급합니다.

> "이러하므로 요한의 세례로부터 우리 가운데서 올리워 가신 날까지 주 예수께서 우리 가운데 출입하실 때에_21 **항상 우리와 함께 다니던 사람** 중에 하나를 세워…_22"(행 1:21~22)

이는 마가복음의 증언과 일치합니다.

> "또 산에 오르사 자기의 원하는 자들을 부르시니 나아온지라_13 이에 열둘을 세우셨으니 이는 **자기와 함께 있게 하시고** 또 보내사 전도도 하며_14 귀신을 내어 쫓는 권세도 있게 하려 하심이러라_15 이 열둘을 세우셨으니…_16"(막 3:13~16)

예수님과 항상 함께 다니던 사람! 이것이 사도가 되기 위한 필요조건입니다. 이는 바울이 대적자들로부터 사도가 아니라는 비난에 시달린 이유이기도 했습니다. 열두 사도와는 달리, 바울은 예수님과 항상 함께 다닌 사람이 아니기 때문입니다. 여러분의 생각은 어떻습니까? 이 조건을 적용하면 바울은 반쪽 사도가 아닙니까? 아닙니다. 베드로가 한 말의 핵심은 바로 이것입니다.

> "사도는 예수님께서 친히 지명하여 세운 사람입니다. 그러니 사도는 예수님께로부터 직접 복음을 듣고 배운 사람이어야 합니다. 간접적으로 배운 사람은 사도가 될 수 없습니다."

바울이 베드로에게 배웠나요? 아니면 요한, 야고보 또는 바나바에게서? 사도나 사도의 제자 중 누구도 바울을 가르치지 않았습니다. 바울은 자신이 전한 복음의 출처를 선포합니다.

> "형제들아 내가 너희에게 알게 하노니 **내가 전한 복음**이 사람의 뜻을 따라 된 것이 아니라[11] 이는 **내가 사람에게서 받은 것도 아니요 배운 것도 아니요 오직 예수 그리스도의 계시로 말미암은 것이라** [12]"(갈 1:11~12)

예수님께서 직접 불러 사도를 세우셨습니다. 그리고 그분이 직접 가르치셨습니다.

• 복습을 위한 질문 •

1. 이제까지 사도가 어떤 사람이라고 생각해왔는지 서로 말해봅시다.

2. 사도들과 그들이 할 일을 계획하신 분이 누구십니까?

3. 사도는 누구로부터 직접 호출받아 임명되었습니까? 누가 '사도'라는 칭호를 부여했습니까?

4. 사도는 누구에게서 직접 복음을 듣고 배웠습니까?

5. 한 걸음 더 제1장의 내용에 근거하여 마 10:12~15, 40~42; 요 15:18; 20:21~23을 읽고 설명해봅시다.

제2장

부활의 목격자(증인) I

"예수께서 가라사대 어찌하여 두려워하며 어찌하여 마음에 의심이 일어나느냐 [38] 내 손과 발을 보고 나인 줄 알라 또 나를 만져보라 영은 살과 뼈가 없으되 너희 보는 바와 같이 나는 있느니라[39] 이 말씀을 하시고 손과 발을 보이시나[40] 저희가 너무 기쁘므로 오히려 믿지 못하고 기이히 여길 때에 이르시되 여기 무슨 먹을 것이 있느냐 하시니[41] 이에 구운 생선 한 토막을 드리매[42] 받으사 그 앞에서 잡수시더라[43]"(눅 24:38~43)

"데오빌로여 내가 먼저 쓴 글에는 무릇 예수의 행하시며 가르치시기를 시작하심부터[1] 그의 택하신 사도들에게 성령으로 명하시고 승천하신 날까지의 일을 기록하였노라[2] 해 받으신 후에 또한 저희에게 확실한 많은 증거로 친히 사심을 나타내사 사십 일 동안 저희에게 보이시며 하나님 나라의 일을 말씀하시니라[3] … 이러하므로 요한의 세례로부터 우리 가운데서 올리워 가신 날까지 주 예수께서 우리 가운데 출입하실 때에[21] 항상 우리와 함께 다니던 사람 중에 하나를 세워 우리로 더불어 예수의 부활하심을 증거할 사람이 되게 하여야 하리라 하거늘[22]"(행 1:1~3, 21~22)

"맨 나중에 만삭 되지 못하여 난 자 같은 내게도 보이셨느니라"(고전 15:8)

예수님을 만난 사람들(?)

"집사님, 이번에 ○○교회에서 간증 집회를 하는데 함께 갑시다."
"무슨 특별한 집회인가요?"

제2장 부활의 목격자(증인) I **29**

"네, 이번에 집회를 인도하는 강사가 예수님을 직접 만났다네요."

"그래요? 그럼 가봐야겠네요. 그런데 예수님을 정말 만났는지 어떻게 알지요?"

어린 시절뿐 아니라 목사가 된 이후에도 주위에서 자주 접한 대화입니다. 여러분은 이런 경험이 없으십니까?

영광의 몸을 입고 부활하신 예수 그리스도

부활하신 예수님을 만난 사도들은 까무러치게 놀랍니다. 자기가 본 것이 유령이라고 생각할 정도로 말입니다. 예수님께서 육신을 입고 부활하셨다고는 도무지 생각할 수 없었습니다.

"이 말을 할 때에 예수께서 친히 그 가운데 서서 가라사대 너희에게 평강이 있을찌어다 하시니36 저희가 놀라고 무서워하여 그 보는 것을 **영으로 생각하는지라**37"(눅 24:36~37)

이때 예수님께서 그들에게 확인시켜주신 중요한 사실이 있습니다.

"예수께서 가라사대 어찌하여 두려워하며 어찌하여 마음에 의심이 일어나느냐38 내 손과 발을 보고 나인 줄 알라 또 **나를 만져보라 영은 살과 뼈가 없으되 너희 보는 바와 같이 나는 있느니라**39 이 말씀을 하시고 손과 발을 보이시나40 저희가 너무 기쁘므로 오히려 믿지 못하고 기이히 여길 때에 이르시되 여기 무슨 먹을 것이 있느냐 하시니41 이에 구운 생선 한 토막을 드리매42 **받으사 그 앞에서 잡수시더라**43"(눅 24:38~43)

놀랍게도, 사도들은 부활하신 예수님의 손과 발을 눈으로 볼 수도, 손으로 만질 수도 있었습니다(물론 이 본문에서 만졌다는 표현은 없지만 말입니다). 예수님께서는 사도들의 눈앞에서 구운 생선을 잡수십니다. 당시 그 자리에 없던 도마는 일주일 뒤 예수님을 만나 손의 못 자국과 옆구리의 상처까지 확인합니다.

> "다른 제자들이 그에게 이르되 우리가 주를 보았노라 하니 도마가 가로되 내가 그 손의 못자국을 보며 내 손가락을 그 못자국에 넣으며 내 손을 그 옆구리에 넣어 보지 않고는 믿지 아니하겠노라 하니라25 여드레를 지나서 제자들이 다시 집 안에 있을 때에 도마도 함께 있고 문들이 닫혔는데 예수께서 오사 가운데 서서 가라사대 너희에게 평강이 있을찌어다 하시고26 도마에게 이르시되 네 손가락을 이리 내밀어 내 손을 보고 네 손을 내밀어 내 옆구리에 넣어 보라 그리고 믿음 없는 자가 되지 말고 믿는 자가 되라27"(요 20:25~27)

이것이 무엇을 의미합니까? 예수님께서는 **영광의 몸을 입고 부활**하셨지 영혼으로만 존재하는 분이 아니라는 뜻입니다.

사도 : 부활의 목격자(증인)

예수님께서는 제자들에게 자기를 만져보라고 손과 발을 보여주십니다. 제자들 앞에서 식사하십니다. 손의 못 자국과 옆구리의 상처에 손가락을 넣어서 확인하라고 하십니다. 어디 그뿐입니까? 부활하신 후에도 무려 사십 일 동안이나 사도들에게 나타나 수많은 증거를 보여주시고, 하나님 나라의 일을 말씀하십니다.

"데오빌로여 내가 먼저 쓴 글에는 무릇 예수의 행하시며 가르치시기
를 시작하심부터₁ 그의 택하신 **사도들**에게 성령으로 명하시고 승천
하신 날까지의 일을 기록하였노라₂ 해 받으신 후에 또한 저희에게 **확
실한 많은 증거로 친히 사심을 나타내사 사십 일 동안 저희에게 보
이시며 하나님 나라의 일을 말씀**하시니라₃"(행 1:1~3)

부활하신 예수님께서 사도들에게만 나타나신 것은 아닙니다. 그들
외에도 많습니다. 심지어 수백 명이나 되는 사람들에게 나타나신 적도
있습니다.

"그 후에 오백여 형제에게 일시에 보이셨나니 그중에 지금까지 태반
이나 살아 있고 어떤 이는 잠들었으며"(고전 15:6)

그러나 예수님께서 수많은 부활의 증거들을 직접 보여주실 뿐 아니
라 사십 일 동안이나 하나님 나라 복음을 상세히 가르쳐주신 대상은
사도들뿐입니다(행 1:1~3). **사도야말로 부활의 목격자**(증인, eye-witness)
입니다. 그러니 예수님을 꿈에서 만났다느니, 그분이 환상 중에 나타
나 내 아픈 부위를 어루만져주셨다느니 하는 정도의 차원이 아닙니다.
사도들은 부활하신 예수님을 눈으로 보고, 손으로 만지며, 함께 식사
했습니다. 그리고 무엇보다도 예수님께서 그들에게 직접 하나님 나라
의 일을 매우 상세히 가르쳐주셨습니다. 오늘날 사도들과 같은 방식으
로, 그와 같은 수준으로 예수님을 만난 사람이 있습니까? 단언컨대 없
습니다.

사도는 예수님께서 직접 불러 세운 사람입니다. 예수님께서 '사도'라
는 칭호를 부여한 사람입니다. 예수님께서 직접 말씀하시고 가르친 사

람입니다. 사도의 자격을 위한 중요한 한 가지 조건이 더 있습니다. 사도는 **부활하신 예수님의 목격자**(증인)입니다. 바로 이 때문에, 베드로는 이 조건을 갖춰야만 가룟 유다를 대체할 사도가 될 수 있다고 선언합니다.

> "이러하므로 요한의 세례로부터 우리 가운데서 올리워 가신 날까지 주 예수께서 우리 가운데 출입하실 때에₂₁ 항상 우리와 함께 다니던 사람 중에 하나를 세워 우리로 더불어 **예수의 부활하심을 증거할 사람**이 되게 하여야 하리라 하거늘₂₂"(행 1:21~22)

여기서 두 단어로 번역된 "증거할 사람"에 해당하는 성경 원어(헬라어)는 한 단어입니다. '목격자eye-witness', '증인witness'이라는 뜻의 "μάρτυς(마르튀스)"입니다. 이는 **법정에서 증언할 자격을 갖춘 목격자**를 의미합니다. 사도는 바로 이런 사람입니다.

(1) 임명
예수님께서 직접 호출하여 '사도'라는 이름을 주어 임명하셨습니다.

(2) 계시
예수님께서 사도에게 복음을 직접 가르치고 계시하셨습니다.

(3) 증인
부활하신 예수님을 목격한 증인입니다.

이상의 세 가지 조건을 모두 갖춘 사람은 오직 사도밖에 없습니다.

하늘에 계신 예수 그리스도

예수님은 지금 하늘에 계십니다. 하나님 아버지 우편에 앉아 계십니다. 장차 산 자와 죽은 자를 심판하러 오실 것입니다. 영광의 몸으로, 부활의 몸으로, 하늘로 올라가심을 본 그대로 오실 것입니다(행 1:9~11).

로마 천주교는 미사 때 성찬의 떡과 잔이 실제 예수님의 몸과 피, 즉 그분의 육체로 변한다고 주장(화체설)합니다. 이는 미신이요 거짓 복음입니다.

예수님께서는 재림 전에는 결코 하늘에서 직접 내려오시지 않습니다. 그 대신, 그분의 이름으로 보내신 성령의 내주를 통해 우리와 연합하십니다(요 16:7). 성령의 감동하심으로 기록된 말씀을 통해 우리와 교제하십니다. 땅 위에 있는 교회는 성령님의 사역을 통해Spiritually 찾아오시는 예수님을 만납니다. 공예배 중에 시행하는 성찬의 떡과 잔이 실제 예수님의 몸과 피는 아니지만, 그것을 상징symbolic합니다. 그러나 우리에게 내주하시는 성령님의 사역으로 인해 그 은혜는 실제real입니다. 그래서 로마 천주교와는 달리, **우리의 성찬에는 그리스도의 은혜가 영적으로Spiritually, 상징적으로symbolically, 참으로indeed 그리고 실제로really 임합니다.** 이는 부활·승천하신 예수님께서 재림 전에는 육체를 입고 직접 우리에게 오시지 않는다는 기본 전제가 있기에 가능한 고백입니다.

이런 이유로, **오늘날 부활하신 예수님을 직접 목격하는 사람은 존재하지 않습니다.** 그분의 손과 발과 옆구리를 만지고, 그분과 함께 식사하고, 수많은 부활의 증거들과 함께 그분에게서 하나님 나라의 복음을 직접 듣는 사람은 이제 없습니다.

부활의 마지막 목격자(증인, eye-witness)

어떤 사람은 필자에게 이렇게 묻고 싶을 겁니다.

"그래도…. 그래도 말입니다. 오늘날에도 사도의 세 가지 조건을 갖
춘 사람이 있을지 어떻게 압니까? 어떻게 그렇게 단정하십니까?"

이렇게 단정할 수 있는 이유는 단 하나, 성경 말씀 때문입니다.

"**맨 나중에**[1] 만삭 되지 못하여 난 자 같은 **내게도 보이셨느니라**"(고
전 15:8)

바울은 부활하신 예수님의 마지막 목격자(증인, eye-witness)입니다.
그는 사도입니다.[2]

---

1) 한글개역성경과 한글개역개정성경에서 "맨 나중에"로 번역된 헬라어 'ἔσχατον δὲ
πάντων(에스카톤 데 판톤)'을 직역하면, '그리고/그러나 모든 마지막에'입니다.
2) 부활·승천하신 그리스도께서는 재림 전에는 육체를 입고 이 땅에 오시지 않으므로, 다른
사도들과는 달리 바울은 그분을 만지거나 그분과 함께 먹고 마시지 못했을 뿐 사도의 자
격을 갖추었습니다. 그 이유는 첫째, 하나님 아버지의 뜻으로 사도가 되었습니다. 둘째, 예
수님께서 직접 그를 사도로 부르셨습니다. 셋째, 예수님으로부터 직접 계시를 받아 배웠습
니다(갈 1:11~12). 넷째, 부활하신 예수님을 직접 만난 증인입니다.

• 복습을 위한 질문 •

1. 예수님을 직접 만났다는 집회나 책에 대해 그동안 어떤 생각을 가졌는지 서로 말해봅시다.

2. 예수님께서 사도들에게 보여주신 여러 가지 증거를 말해보십시오.

3. 부활하신 예수님을 만난 사람은 수백 명이나 됩니다. 그러나 그들 모두가 사도가 아닌 이유가 무엇입니까?

4. 사도의 자격 세 가지를 말해보십시오.

5. 한 걸음 더 고전 15:8에 비추어 왜 오늘날에는 사도가 없는지 설명해보십시오. 성경 66권의 완성(참고. 웨스트민스터 신앙고백서 1:1)과 관련하여 왜 오늘날에는 사도가 없는지 설명해보십시오.

6. 한 걸음 더 16세기의 대표적인 개혁자인 루터, 츠빙글리, 칼빈은 성찬에 대해 각각 '공재설', '기념설', '영적 임재설' 등 조금씩 다른 견해를 보였습니다. 그러나 이 세 사람을 비롯하여 정통 신앙에 서 있던 모든 개혁자는 한결같이 '화체설'을 우상숭배, 율법주의라고 배격했습니다. 이 문제가 왜 그렇게 중요합니까?

7. 한 걸음 더 사도적 교회는 올바른 말씀 선포와 올바른 성례 시행이 필수적입니다. 사도의 자격과 직무(기능)를 바르게 아는 것이 성찬과 어떤 관계가 있는지 생각해본 적 있습니까?

8. 한 걸음 더 영적으로(Spiritually), 상징적으로(symbolically), 참으로(indeed) 그리고 실제로(really) 그리스도의 은혜가 임한다는 사실을 믿고 신뢰함으로 성찬에 참여하고 있습니까?

제3장

부활의 목격자(증인) II

"하나님이 나사렛 예수에게 성령과 능력을 기름 붓듯 하셨으매 저가 두루 다니시며 착한 일을 행하시고 마귀에게 눌린 모든 자를 고치셨으니 이는 하나님이 함께하셨음이라[38] 우리는 유대인의 땅과 예루살렘에서 그의 행하신 모든 일에 증인이라 그를 저희가 나무에 달아 죽였으나[39] 하나님이 사흘 만에 다시 살리사 나타내시되[40] 모든 백성에게 하신 것이 아니요 오직 미리 택하신 증인 곧 죽은 자 가운데서 일어나신 후 모시고 음식을 먹은 우리에게 하신 것이라"[41](행 10:38~41)

"내가 자유자가 아니냐 사도가 아니냐 예수 우리 주를 보지 못하였느냐 주 안에서 행한 나의 일이 너희가 아니냐"(고전 9:1)

사도행전의 '증인'은 모든 그리스도인을 의미합니까?

바로 앞의 제2장에서 우리는 사도가 부활하신 예수님의 '증인eye-witness'이라는 사실을 살폈습니다. '증인'이라는 뜻을 가진 헬라어 명사 "μάρτυς(마르튀스)"는 목격자, 즉 법정에서 증언할 자격을 갖춘 목격자를 뜻합니다. 그러나 어떤 분은 이렇게 반문할지도 모릅니다.

"부활하신 예수님을 목격한 사람만 증인이라면 왜 사도행전에는 모든 그리스도인을 '증인'이라고 합니까? 직접 목격한 사람이 아니어도 증인이지 않습니까?"

그러나 오히려 여러분에게 반문할 사람은 필자입니다. 저도 묻겠습니다.

"사도행전 어디에 부활하신 예수님을 직접 목격하지도 않은 그리스도인을 '증인'이라고 부릅니까?"

그러면 여러분은 금방 이렇게 대답할 것입니다.

"사도행전 1장 8절이 그렇게 말하지 않나요?"

사도 : 부활하신 예수님의 증인(목격자)

"해 받으신 후에 또한 저희에게 **확실한 많은 증거로 친히 사심을 나타내사** 사십 일 동안 저희에게 보이시며 하나님 나라의 일을 말씀하시니라₃ **사도와 같이 모이사** 저희에게 분부하여 가라사대 예루살렘을 떠나지 말고 내게 들은바 아버지의 약속하신 것을 기다리라₄ … 오직 성령이 **너희**에게 임하시면 **너희**가 권능을 받고 예루살렘과 온 유대와 사마리아와 땅끝까지 이르러 내 **증인**(μάρτυρες, 마르튀레스)[1]이 되리라 하시니라₈"(행 1:3~4, 8)

부활하신 예수님께서는 성령 강림을 예고하십니다. 성령이 임하시면 땅끝까지 예수님의 "증인이 되리라"고 하십니다(8절). 8절에서 "증

---

1) 'μάρτυς(마르튀스)'의 남성, 복수, 주격입니다.

인(들)"과 "너희"는 동격, 즉 같은 사람입니다. 그렇다면 이 구절의 "너희"는 누구를 가리킵니까? 문맥 속에 정답이 있습니다. 예수님께서 지금 대화하고 계신 상대방입니다. "사도(들)"입니다(4절).

예수님께서는 사도들에게 자신이 정말 부활했다는 "확실한 많은 증거"를 보여주십니다(3절). 부활하신 후에도 무려 사십 일 동안이나 그들에게 자신을 "보이시며", "하나님 나라의 일을 말씀"하십니다(3절). 그리고 사도들과 마지막으로 모였을 때, 그들에게 이렇게 말씀하십니다.

"…너희(저자 주:사도들)가 … 땅끝까지 이르러 내 증인이 되리라…"(8절)

이 구절에서의 **"증인"은 분명 사도들이며, 부활하신 예수님을 목격한 사람들**입니다.

사도행전의 '증인' : 부활하신 예수님의 목격자

'증인(μάρτυς, 마르튀스)'이라는 이 단어는 사도행전 처음부터 끝까지 매우 일관성 있게 사용됩니다. 사도 베드로는 이방인 백부장 고넬료의 집에서 복음을 전합니다. 그는 부활하신 예수님을 증언합니다. 예수님의 부활은 정말 사실이라고 말합니다. 부활하신 예수님을 목격한, 그래서 법정에서 증언할 수 있는 '증인(들)'이 있다고 전합니다. 그 '증인(들)'이 누구인지 베드로는 명료하게 밝힙니다.

"하나님이 나사렛 예수에게 성령과 능력을 기름 붓듯 하셨으매 저
가 두루 다니시며 착한 일을 행하시고 마귀에게 눌린 모든 자를 고

치셨으니 이는 하나님이 함께하셨음이라[38] 우리는 유대인의 땅과 예루살렘에서 그의 행하신 모든 일에 **증인**이라 그를 저희가 나무에 달아 죽였으나[39] 하나님이 사흘 만에 다시 살리사 나타내시되[40] **모든 백성에게 하신 것이 아니요 오직 미리 택하신 증인 곧 죽은 자 가운데서 일어나신 후 모시고 음식을 먹은 우리에게 하신 것이라**[41]"(행 10:38~41)

41절 말씀 중 일부를 성경 원어(헬라어) 그대로 직역하면 더 명확합니다.

〈한글개역성경〉
"오직 미리 택하신 증인 곧 … 모시고 음식을 먹은 우리에게 하신 것이라"

〈한글개역개정성경〉
"오직 미리 택하신 증인 곧 … 그를 모시고 음식을 먹은 우리에게 하신 것이라"

〈직역〉
"하나님에 의해[2] 미리 택하심을 받은 증인(에게), … 그분과 함께 먹고 마신[3] 우리에게"

베드로는 모든 백성이 "증인"이 아니라고 말합니다. 부활하신 예수님을 모시고 음식을 먹고 마신 자들이 "증인", 즉 하나님에 의해 그 전

---

2) 한글개역성경과 한글개역개정성경에서는 "하나님에 의해"가 생략되어 능동태로 번역되었습니다.
3) 한글개역성경과 한글개역개정성경에서는 "마신"이 생략되었습니다.

에 미리 택하심을 받은 "증인"이라고 전합니다. 그 증인 중 하나가 바로 베드로 자신입니다. 이 구절에서도 "증인"은 모든 그리스도인이 아니라 부활하신 예수님을 만나 음식을 함께 먹고 마신 사람, 즉 사도를 가리킵니다. 물론 사도 외에도 부활의 주님을 목격한 사람은 무려 수백 명이나 됩니다(고전 15:6[4]). 부활하신 예수님을 사도보다 먼저 만난 마리아(요 20:14~17)를 비롯하여 여자들(마 28:9~10)도 있습니다. 그래서 사실 부활하신 예수님을 실제로 목격한 '증인'의 수는 더 많습니다. 그러나 분명한 것은 부활하신 예수님을 가장 많이 만났고, 함께 먹고 마셨으며, 그분이 승천하시기 전 사십 일 동안 하나님 나라의 일을 직접 듣고 배운 사람들은 사도라는 사실입니다. **사도는 부활의 주님을 만난 많은 증인 중 가장 유력한 증인입니다.**

사도행전은 이렇게 '증인(μάρτυς, 마르튀스)'이라는 단어를 모든 그리스도인에게 사용하지 않고, 부활의 주님을 실제로 목격한 사람에게만 사용합니다. 행 1:8, 22; 2:32; 3:15; 5:32; 10:39, 41; 13:31; 22:15; 26:16도 찾아서 읽어보십시오. 이 모든 구절에서 '증인'은 언제나 부활하신 예수 그리스도를 실제로 만난 사람을 가리킵니다.

예외적으로 보이는 세 구절이 있는데, 행 6:13; 7:58; 22:20입니다. 먼저, 행 22:20에서는 첫 번째 순교자 스데반에게 이 단어가 사용되었습니다.

> "또 주의 증인(μάρτυρός, 마르튀로스) 스데반의 피를 흘릴 적에 내(저자 주:사도 바울)가 곁에 서서 찬성하고 그 죽이는 사람들의 옷을 지킨 줄 저희도 아나이다"(행 22:20)

---

4) "그 후에 오백여 형제에게 일시에 보이셨나니 그중에 지금까지 태반이나 살아 있고 어떤 이는 잠들었으며"(고전 15:6)

여기에는 두 가지 의미가 내포된 것으로 보입니다. 첫째, 스데반은 실제로 부활하신 주님을 목격합니다. 그는 "보라 하늘이 열리고 인자가 하나님 우편에 서신 것을 보노라"(행 7:56)고 외친 후 순교합니다.[5] 둘째, '증인'을 뜻하는 헬라어 명사 'μάρτυς(마르튀스)' 또는 'μάρτυρός(마르튀로스)'는 '순교자martyr'라는 뜻도 가지고 있습니다(참고. 계 2:13; 17:6).[6]

예외적으로 사용된 것처럼 보이는 다른 두 구절인 행 6:13; 7:58에서는 같은 단어가 교회를 핍박하는 거짓 증인들을 가리키는 데 사용됩니다. 여기서도 이 단어의 뜻은 같습니다(목격하지 않았는데도 목격했다고 거짓말하는 '거짓 증인'을 뜻하기 때문입니다).

---

5) 스데반이 순교 직전 하늘의 모습을 본 것은 문맥상 의미심장합니다. 그는 세상 법정에 고소를 당한 것이 아닙니다. "모세와 및 하나님을 모독하는 말"을 했다는 죄목을 뒤집어쓴 채, 이스라엘의 최고 치리회인 공회(산헤드린) 앞에 선 피고인이었습니다(행 6:11~15). 돌로 쳐 죽이는 것은 (세속 국가인 로마 제국이 아니라) 모세 율법에 근거한 형벌입니다. 즉, 스데반은 거짓 교회가 된 옛 언약 공동체 이스라엘로부터 출교당한 것입니다. 죽기 직전, 아니 출교당하기 직전, 그는 "하늘이 열리고 인자가 하나님 우편에 서신 것을" 보았습니다 (행 7:56). 그가 본 것은 하늘의 법정입니다. 그곳에는 최고 재판장(하나님)과 스데반의 변호사(예수님)가 계셨습니다. 스데반이 말한 의미는 바로 이런 뜻입니다.
"당신들은 나를 신성모독죄로 몰아 돌로 쳐 죽이겠으나, 나는 하늘의 대법원에 항소하겠습니다. 거기에는 의로운 재판장이신 하나님께서 계시며, 주 예수 그리스도께서 하나님 우편에서 나를 변호하실 것입니다."
스데반의 순교는 거짓 교회가 매고 푸는 것과 하늘에서 매고 푸는 것이 일치하지 않는다는 의미에서 중요합니다. 이는 베드로(마 16:19), 사도들(요 20:23), 그리고 참 교회가 매고 푸는 것(마 18:15~20)이 하늘에서 매고 푸는 것과 일치한다는 예수님의 말씀과 정확히 대조됩니다. 따라서 스데반의 죽음은 첫 번째 순교라는 점에서도 중요하지만, 거짓 교회와 참 교회의 대조라는 점에서도 중요합니다. 거짓 교회가 된 옛 언약 공동체 이스라엘은 새 언약의 참 교회와 대조되며, 이스라엘의 치리회인 공회(산헤드린)는 교회의 치리회(사도들과 장로들)와 대조됩니다. 사도행전의 플롯(plot)에서 이 양쪽의 대립은 매우 중요합니다. 권기현, "그림 7. 사도행전에 나타난 두 언약 공동체", 『방언이란 무엇인가: 방언에 대한 다섯 가지 질문과 구속사적·교회론적·예배론적 이해』(경북: R&F, 2016), 203을 참고하십시오.
6) 생명의 위협에도 법적 증언을 할 수 있는 사람이기에, '증인'과 '순교자'는 서로 다른 별개의 의미가 아닙니다.

이상이 '증인(μάρτυς, 마르튀스)'이라는 단어가 사도행전에서 사용된 모든 구절입니다. 바울의 동역자인 의사 누가가 사도행전에서 이 단어를 일관성 있고 명료하게 사용한 것이 분명합니다. **교회는 참된 증인들의 증언을 토대로 세워졌습니다.** 부활하신 예수 그리스도를 실제로 만난 사람들의 증언 말입니다. 그분께 직접 배우고 계시받은 사람들의 증언 말입니다. 그러니 가장 강력한 증인인 사도가 얼마나 중요합니까?

사도 바울 : 부활의 증인

열두 사도뿐 아니라 바울 역시 사도입니다. 그래서 바울은 자신의 사도직과 부활의 증인을 결부시켜 말씀합니다.

> "내가 자유자가 아니냐 **사도가 아니냐 예수 우리 주를 보지 못하였느냐** 주 안에서 행한 나의 일이 너희가 아니냐"(고전 9:1)

바울의 동역자인 의사 누가는 성령의 감동하심을 받아 누가복음과 사도행전을 기록했습니다. 사도행전에서 그는 바울이 다메섹으로 가던 중, 부활하신 예수님을 만난 사건을 세 번이나 반복하여 기록합니다(사도행전 9장; 22장; 26장). 여기에는 바울의 사도직을 변호하려는 목적이 다분히 포함되어 있습니다. 아래의 구절들을 살펴보십시오.

> "아나니아가 떠나 그 집에 들어가서 그에게 안수하여 가로되 형제 사울아 주 곧 네가 오는 길에서 **나타나시던**(ὀφθείς, 오프쎄이스)[7] 예수께

---

7) '보다(see)', '주목하다(pay attention/notice)', '관찰하다(observe)', '이해하다(perceive)' 등을 뜻하는 헬라어 동사 "ὁράω(호라오)"의 남성, 단수, 주격, 부정과거(aorist), 수동태, 분사

서 나를 보내어 너로 다시 보게 하시고 성령으로 충만하게 하신다 하니"(행 9:17)

"그(저자 주:아나니아)가 또 가로되 우리 조상들의 하나님이 너(저자 주:바울)를 택하여 너로 하여금 자기 뜻을 알게 하시며 **저 의인**(저자 주:부활·승천하신 예수 그리스도)**을 보게 하시고**(ἰδεῖν, 이데인)[8] **그 입에서 나오는 음성을 듣게 하셨으니**[14] 네가 그를 위하여 모든 사람 앞에서 **너의 보고**(ἑώρακας, 헤오라카스)[9] **들은 것에 증인이 되리라**[15]"(행 22:14~15)

"왕이여 때가 정오나 되어 길에서 보니 하늘로서 해보다 더 밝은 빛이 나와 내 동행들을 둘러 비추는지라[13] 우리가 다 땅에 엎드러지매 내가 소리를 들으니 히브리 방언으로 이르되 사울아 사울아 네가 어찌하여 나를 핍박하느냐 가시채를 뒤발질하기가 네게 고생이니라[14] 내가 대답하되 주여 뉘시니이까 주께서 가라사대 나는 네가 핍박하는 예수라[15] 일어나 네 발로 서라 **내가 네게 나타난**(ὤφθην, 오프쎈)[10] 것은 곧 네가 나를 본(εἰδές, 에이데스)[11] 일과 장차 내가 네게 나타날(ὀφθήσομαί, 오프쎄소마이)[12] 일에 너로 사환과 증인(μάρτυρα, 마르튀라)[13]을 삼으려 함이니[16] 이스라엘과 이방인들에게서 내가 너를 구원

입니다. 예수님께서 사도 바울에게 친히 자신을 보이셨다는 점을 강조하는 문구입니다.
8) 각주 7)과 같은 동사 "ὁράω(호라오)"의 부정과거(aorist), 능동태, 부정사입니다.
9) 각주 7)과 같은 동사 "ὁράω(호라오)"의 2인칭, 단수, 현재완료, 능동태, 직설법입니다.
10) 각주 7)과 같은 동사 "ὁράω(호라오)"의 1인칭, 단수, 부정과거(aorist), 수동태, 직설법입니다.
11) 각주 7)과 같은 동사 "ὁράω(호라오)"의 2인칭, 단수, 부정과거(aorist), 능동태, 직설법입니다.
12) 각주 7)과 같은 동사 "ὁράω(호라오)"의 1인칭, 단수, 미래, 수동태, 직설법입니다.
13) 'μάρτυς(마르튀스)'의 남성, 단수, 대격입니다.

하여 저희에게 보내어[17] 그 눈을 뜨게 하여 어두움에서 빛으로, 사단의 권세에서 하나님께로 돌아가게 하고 죄 사함과 나를 믿어 거룩케 된 무리 가운데서 기업을 얻게 하리라 하더이다[18]"(행 26:13~18)

이상의 본문들은 사도 바울이 부활·승천하신 예수님을 목격했으며, 그분의 말씀을 직접 들은 '증인(μάρτυς, 마르튀스)'이라는 사실을 강조합니다. 그는 참으로 "하나님의 뜻으로 말미암아 그리스도 예수의 사도 된"(엡 1:1) 자입니다.

• 복습을 위한 질문 •

1. 행 1:8에서의 "너희"와 "증인(μάρτυς, 마르튀스)"은 누구를 가리킵니까?

2. 고넬료의 집에서, 베드로가 언급한 "증인"은 어떤 사람입니까?

3. 사도가 왜 가장 강력한 증인인지 행 1:3을 근거로 설명해보십시오.

4. 사도행전 전체에 걸쳐 '증인(μάρτυς)'이라는 단어는 어떤 용례로 사용됩니까?

5. 바울은 자신이 그리스도의 사도라는 사실을 무엇과 결부하여 증언했습니까? 이와 관련한 여러 본문을 말해보십시오.

6. 한 걸음 더 오늘날의 교회와 그리스도인은 부활하신 예수 그리스도를 직접 목격한 '증인'이 아님에도 왜 선교와 전도를 하고 있으며, 또 그렇게 해야 합니까?(힌트 : 증인들의 증언이 기록된 책)

제4장

사도의 특수 직무 : 교회의 터를 닦음

"우리는 하나님의 동역자들이요 너희는 하나님의 밭이요 하나님의 집이니라9
내게 주신 하나님의 은혜를 따라 내가 지혜로운 건축자와 같이 터를 닦아 두매
다른 이가 그 위에 세우나 그러나 각각 어떻게 그 위에 세우기를 조심할찌니라
10 이 닦아 둔 것 외에 능히 다른 터를 닦아 둘 자가 없으니 이 터는 곧 예수 그
리스도라11 만일 누구든지 금이나 은이나 보석이나 나무나 풀이나 짚으로 이 터
위에 세우면12 각각 공력이 나타날 터인데 그날이 공력을 밝히리니 이는 불로
나타내고 그 불이 각 사람의 공력이 어떠한 것을 시험할 것임이니라13 만일 누
구든지 그 위에 세운 공력이 그대로 있으면 상을 받고14 누구든지 공력이 불타
면 해를 받으리니 그러나 자기는 구원을 얻되 불 가운데서 얻은 것 같으리라15
너희가 하나님의 성전인 것과 하나님의 성령이 너희 안에 거하시는 것을 알지
못하느뇨16 누구든지 하나님의 성전을 더럽히면 하나님이 그 사람을 멸하시리
라 하나님의 성전은 거룩하니 너희도 그러하니라17"(고전 3:9~17)

"너희는 사도들과 선지자들의 터 위에 세우심을 입은 자라 그리스도 예수께서
친히 모퉁이 돌이 되셨느니라20 그의 안에서 건물마다 서로 연결하여 주 안에서
성전이 되어 가고21 너희도 성령 안에서 하나님의 거하실 처소가 되기 위하여
예수 안에서 함께 지어져 가느니라22"(엡 2:20~22)

열두 명의 소그룹

한때 소그룹을 열두 명으로 조직하는 제자훈련 프로그램이 유행했습
니다. 그 논리는 간단합니다. 예수님께서 조직하신 열두 명이 소그룹

을 운용하기에 가장 이상적이라는 것입니다. 열세 명이나 열한 명보다
그 효과가 극대화된다고 합니다. 그것이 예수님을 본받는 제자훈련 방
식이라고 생각하는 분들이 꽤 많습니다.

그러나 정말 그럴까요? 그렇게 효과적인데, 왜 한 명의 배교자(가룟
유다)가 출현했나요? 예수님을 본받는다는 명목으로 '열둘'이라는 숫자
에 집착하는 것은 지나친 문자주의 해석literalism입니다. 그런 식으로
하자면, 우리 그리스도인들도 예수님을 본받아 사십 일 동안 금식해야
합니까? 나사로나 아리마대 요셉과는 달리, 열두 사도는 이전에 자신
이 종사하던 직업을 버리고 예수님을 항상 따라다녀야 했습니다. 예수
님의 제자가 되기 위해 또는 제자훈련을 위해, 우리도 그렇게 해야 합
니까? 예수님께서는 사도들에게 귀신을 쫓아내고 병 고치는 능력을 주
셨습니다(마 10:1; 막 3:15). 우리도 그런 능력을 받아야 합니까?

예수님께서 불러 세우신 열두 사도는 이스라엘 열두 지파를 상기시
킵니다(마 10:5~6).[1] 예수님께서는 이들을 통해 새 이스라엘(교회)을 건

---

1) 열두 사도는 열두 지파로 구성된 이스라엘 전체를 요약하고 상징하며, 그들을 대표합니다.
이 열두 사도를 목자 없는 양, 잃어버린 양에게로 보내시는 것(마 9:36; 10:5~6)은 선지자
들이 예고한 새 다윗, 새 목자가 인도하는 종말론적 새 이스라엘을 재건하는 행위입니다
(마 9:36~38; 10:5~7; 겔 34:5~6, 23~24; 참고. 사 53:6; 렘 50:6; 슥 11:4~17). 이에 대
해서는 L. Goppelt, *Typos: The Typological Interpretation of the Old Testament in the New*,
trans. by D. H. Madvig (Grand Rapids, MI: Eerdmans, 1982), 88~89; W. D. Davies and
D. C. Allison, *A Critical and Exegetical Commentary on the Gospel according to Saint
Matthew: Commentary on Matthew 8–18*, Vol. II, The International Critical Commentary
on the Holy Scriptures of the Old and New Testament (Edinburgh: T&T Clark, 1988),
47~48; D. H. Johnson, "Shepherd, Sheep," in *Dictionary of Jesus and the Gospels*, ed.
by J. B. Green, I. H. Marshall and S. McKnight (Downers Grove, IL: Inte Varsity, 1992),
751~754; C. L. Blomberg, *Matthew*, The New American Commentary (Nashville, TN:
Broadman, 1992), 166; D. C. Allison, *The New Moses: A Matthean Typology* (Minneapolis:
Fortress, 1993), 213~215; N. T. Wright, *Jesus and the Victory of God*, Christian Origins
and the Question of Gos Vol. 2 (Minneapolis: Fortress, 1996), 299~300; R. T. France,
The Gospel of Matthew, The New International Commentary on the New Testament (Grand

설하십니다. 이뿐 아닙니다. 예수님께서 사도들을 훈련하신 것은 틀림없는 사실입니다. 그러나 이유가 중요합니다. **사도들을 시켜 교회의 터를 닦기 위해서**입니다. 이는 오늘날의 제자훈련이 가질 수 없는 근본적인 차이점입니다.

사도 : 터를 닦는 지혜로운 건축자

고린도교회는 네 개의 파벌로 나누어져 분열될 위기 가운데 있었습니다(고전 1:10~13). 각 파벌의 지도자들과 그 추종자들은 마치 자신들이 교회의 건축자이자 주인인 양 교만했습니다. 그러나 바울이 가르친 복음은 전혀 달랐습니다.

> "우리는 하나님의 동역자들이요 너희는 **하나님의 밭**이요 **하나님의 집**이니라9 내게 주신 하나님의 은혜를 따라 **내가 지혜로운 건축자와 같이 터를 닦아 두매** 다른 이가 그 위에 세우나 그러나 각각 어떻게 그 위에 세우기를 조심할찌니라10 이 닦아 둔 것 외에 능히 다른 터를 닦아 둘 자가 없으니 **이 터는 곧 예수 그리스도**라11 만일 누구든지 금이나 은이나 보석이나 나무나 풀이나 짚으로 이 터 위에 세우면12 각각 공력이 나타날 터인데 그날이 공력을 밝히리니 이는 불로 나타내고 그 불이 각 사람의 공력이 어떠한 것을 시험할 것임이니라13 만일 누구든지 그 위에 세운 공력이 그대로 있으면 상을 받고14 누구든지 공력이 불타면 해를 받으리니 그러나 자기는 구원을 얻되 불 가운데서

Rapids, MI: Eerdmans, 2007), 372~373; 강대훈, 『마태복음 주석(상): 하늘에서처럼 땅에서도』(서울: 부흥과개혁사, 2019), 682~684를 참고하십시오.

얻은 것 같으리라15 너희가 **하나님의 성전**인 것과 하나님의 성령이 너희 안에 거하시는 것을 알지 못하느뇨16 누구든지 **하나님의 성전**을 더럽히면 하나님이 그 사람을 멸하시리라 **하나님의 성전**은 거룩하니 너희도 그러하니라17"(고전 3:9~17)

이 본문에서 "우리"는 사도 바울과 그의 동역자들입니다. "너희"는 고린도교회입니다. **고린도교회는 사람-성전**human-temple입니다. 신약시대 성전의 재료는 하나님의 백성이며, 성령의 은사로 건축됩니다. 이 사람-성전은 단 하나의 터 위에서만 건축됩니다. **성전의 터** foundation는 **예수 그리스도**이십니다(11절). 교회 안에 파벌을 만들어 분쟁하는 것은 큰 범죄입니다. 예수 그리스도의 터 위에 세워진 성전을 더럽히고 파괴하는 행위이기 때문입니다.[2]

바울은 자신을 "지혜로운 건축자"(10절)라고 소개합니다. **사도는 터를 닦아 그 위에 거룩한 사람-성전을 건축**합니다. 이 터는 든든하고 견고합니다. 다른 터에 건물을 세우는 자는 거짓 사도요 거짓 교사입니다. 그러나 이 터 위에 세워진 건물일지라도 어떤 것은 불타 없어질 수도 있습니다. 터는 견고하나 그 위의 건축 재료가 부실하다면 말입니다(12~15절).

바로 여기서 **사도의 특수 직무**가 분명히 드러납니다. **사도는 터를 닦는 사람**입니다. 다른 그리스도인들은 그 위에 건축되는 성전입니다.

---

2) 본문의 문맥은 [그리스도인 개인의 몸이 성전들(복수)이 아니라] 언약 공동체인 교회가 성전(단수)임을 설명하는 내용입니다. 이런 이유로, 바울은 고린도교회 성도들을 가리켜 "너희"라는 복수를 사용하나, "성전"은 단수로 사용합니다. 고린도교회는 파벌을 만들어 서로 분쟁하는 바람에 거짓 교리(바울의 사도직 부인, 육체의 부활 부인 등)와 여러 가지 죄악(음행, 성도를 세상 법정에 고소, 무질서한 예배 등)을 허용했습니다. 즉, 성전을 더럽힌 것입니다.

사도가 닦은 터 위에 건축되는 교회

바울은 같은 원리를 에베소교회에게도 전합니다.

> "너희는 **사도들과 선지자들의 터** 위에 세우심을 입은 자라 그리스도
> 예수께서 친히 **모퉁이 돌**이 되셨느니라[20] 그의 안에서 건물마다 서
> 로 연결하여 주 안에서 **성전**이 되어 가고[21] 너희도 성령 안에서 하나
> 님의 거하실 처소가 되기 위하여 예수 안에서 함께 지어져 가느니라
> [22]"(엡 2:20~22)

에베소교회는 성전입니다. 예수 그리스도는 건물의 기초가 되는 모
퉁이 돌입니다. **사도와 선지자들은 이 성전의 터를 닦는 사람**입니다.
사람-성전인 교회는 단 하나의 모퉁이 돌(그리스도)과 서로 연결되어 지
금도 계속 건축되고 있습니다.

**터를 두 번 닦지 않는 법입니다. 그래서 사도는 초대교회 당대에만
필요했습니다.** 교회의 터를 닦는 특수한 직무를 위임받았기에 사도들
은 일반 그리스도인들과는 전혀 다른 독특한 체험을 했으며, 이적을
일으키는 능력을 받았고, 때때로 직통 계시를 받았습니다. 이를 오늘
날의 그리스도인들에게로 일반화하면 안 됩니다. 터는 한 번만 닦으면
됩니다. 두 번 세 번 닦을 필요가 없으며 그래서도 안 됩니다. 사도들
이 닦은 터로 충분합니다. 교회는 사도들이 닦은 터, 즉 예수 그리스도
라는 터 위에 건축되었고 지금도 계속 건축되고 있습니다.

갈라디아 지역의 여러 교회 안으로 들어온 거짓 교사들은 바울이 닦
은 터 위에 교회를 건설하지 않았습니다. 그들은 "다른 복음"을 가르쳤
습니다. 갈라디아 지역의 교회들은 이들에게 금세 매료되었습니다. 그
들에게 한 바울의 저주는 오늘날에도 유효합니다.

"그리스도의 은혜로 너희를 부르신 이를 이같이 속히 떠나 **다른 복음**
좇는 것을 내가 이상히 여기노라₆ **다른 복음**은 없나니 다만 어떤 사
람들이 너희를 요란케 하여 그리스도의 복음을 변하려 함이라₇ 그러
나 우리나 혹 하늘로부터 온 천사라도 우리가 너희에게 전한 복음 외
에 **다른 복음**을 전하면 저주를 받을찌어다₈ 우리가 전에 말하였거니
와 내가 지금 다시 말하노니 만일 누구든지 너희의 받은 것 외에 **다
른 복음**을 전하면 저주를 받을찌어다₉(갈 1:6~9)³

교회가 왜 이런 문구를 교회 질서(헌법)에 명시했는지 잊지 말아야 합
니다.

"Under the New Testament, our Lord at first collected His
people out of different nations, and united them to the
household of faith by the ministry of extraordinary officers
who recieved extraordinary gifts of the Spirit and who
were agents by whom God completed His revelation to His
Church. Such officers and gifts related to new revelation
have no successors since God completed His revelation at the
conclusion of the Apostolic Age. [신약시대에, 우리 주님께서는
처음에 여러 민족들로부터 그의 백성을 모으셨고, 또 성령의 특별한

---

3) *한글개역성경*과 *한글개역개정성경*에는 6, 7, 8, 9절에서 모두 "다른 복음" 또는 "다른 복음
을 전하면"으로 번역되어 있으나, 헬라어 성경에는 구절마다 조금씩 다르게 표현되어 있습
니다. 6절에서 "다른 복음"은 "ἕτερον εὐαγγέλιον(헤테론 유앙겔리온)", 7절에서 "다른 복
음"은 "ὃ … ἄλλο(호 … 알로)", 8절에서 "다른 복음을 전하면"은 "ἐὰν … εὐαγγελίζηται
… παρ'(에안 … 유앙겔리제타이 … 파라)", 그리고 9절에서 "다른 복음을 전하면"은 "εἰ
… εὐαγγελίζεται παρ'(에이 … 유앙겔리제타이 파라)"입니다.

은사를 받은 특별한 직분자들의 사역을 통하여 그들을 믿음의 가정
으로 하나 되게 하셨다. 그리고 그 특별한 직분자들은 하나님께서 자
신의 교회를 위하여 자신의 계시를 완성하게 한 대행자들이다. 새 계
시와 관련된 그런 직분들과 은사들은 하나님께서 사도 시대를 종결
하실 때 자신의 계시를 완성하셨기 때문에 계승자가 없다.]"[4]

"Our Lord Jesus Christ established his church of the new
covenant on the foundation of the aposltes and prophets. The
apostles were appointed to be witnesses to the risen Christ,
testifying in the Holy Spirit to what they had seen and heard,
heralding the gospel to the world, and grounding the church
in the teaching of Christ. Together with the prophets they
spoke by revelation, recording in the Scriptures of the New
Testament the fullness of the truth as it is in Christ Jesus.
When their testimony was completed their calling and office
was not continued in the church, and the powers and signs
that endued and sealed their ministry ceased. [우리 주 예수 그
리스도께서는 사도들과 선지자들의 터 위에 그분의 새 언약의 교회
를 설립하셨다. 사도들은 부활하신 그리스도의 증인들이 되기 위해
임명받아 자신들이 보고 들은 것을 증언하며, 복음을 세상에 포고하
고, 그리스도의 가르침 안에서 교회의 기초를 닦았다. 그들은 선지
자들과 함께 계시를 받아 말하며, 예수 그리스도 안에서 나타난 것과

---

4) 7–1, Part I Form of Government, *The Book of Church Order of the Presbyterian Church in America*, 6th edit, 2015. 미국 장로교회(PCA)는 대한예수교장로회(고신)의 우호교단입니다.

같은 충만한 진리를 신약성경에 기록했다. 그들의 증언이 완성되자 그들의 소명과 직분이 교회 안에서 더는 계속되지 않았으며, 수여된 능력들과 표적들 그리고 날인된 그들의 직무가 중단되었다.]"[5]

"제30조(교회 창설직원)

우리 주 예수께서 최초에 그 교회를 세상에 세우사 한 몸이 되게 하기 위하여 사도를 세우사 직권적 이적을 행할 능력을 주셔서 사역하게 하셨다(마 10:1~8)."[6]

하나님께서는 이렇게 예수 그리스도의 사도들을 통해 교회의 견고한 터를 닦아놓으셨습니다. 그런데도 오늘날 '신(新)사도 운동'이 웬 말입니까? 그들은 하나님께서 지금도 어떤 이들에게 사도의 은사를 주셔서 초대교회와 같은 표적과 기사를 일으키신다고 주장합니다. 얼핏 들으면 성경과 하나님의 권능을 참으로 믿는 것처럼 보입니다. 그러나 이런 주장이야말로 사도들이 전한 복음이 아닙니다. '다른 복음'입니다. 하나님께서 사도들을 통해 견고한 터를 이미 닦아놓으셨다는 사실을 부인하는 가르침입니다. 그들은 예수 그리스도라는 반석 위에 사도들이 이미 닦아놓은 터 대신 다른 터를 닦고 있는 것입니다.

"내게 주신 하나님의 은혜를 따라 내가 지혜로운 건축자와 같이 터를 닦아 두매 다른 이가 그 위에 세우나 그러나 각각 어떻게 그 위에

---

5) 5.1., The Form of Government, *The Book of Church Order of the Orthodox Presbyterian Church: Containing the Standards of Government, Discipline, and Worship*, 2015. 정통장로교회(OPC)는 대한예수교장로회(고신)의 우호교단입니다.
6) 대한예수교장로회(고신) 헌법 교회정치 제30조.

세우기를 조심할찌니라₁₀ 이 닦아 둔 것 외에 능히 다른 터를 닦아 둘 자가 없으니 이 터는 곧 예수 그리스도라₁₁"(고전 3:10~11)

그러면 스스로 '사도의 후계자'라고 내세우며, 로마 천주교로부터 그 교권을 인정받고 있는 교황은 어떻습니까? 일찍이 17세기 신앙의 선조들은 우리 신앙고백서에서 이 점을 분명히 했습니다.

> "교회의 머리는 주 예수 그리스도뿐이시다. 로마 교황은 결코 교회의 머리가 될 수 없고, 오히려 교회 가운데서 그리스도를 대적하고, 하나님이라 불리는 모든 것을 대적하고 자신을 높이는 적그리스도, 죄의 사람이며 멸망의 자식이다."(웨스트민스터 신앙고백서 25:6)

하나님의 견고한 터는 이미 닦였습니다. 이제 사도는 없습니다. 그들의 특수 직무가 완수되었기 때문입니다.

> "그러나 하나님의 견고한 터는 섰으니 인침이 있어 일렀으되 주께서 자기 백성을 아신다 하며 또 주의 이름을 부르는 자마다 불의에서 떠날찌어다 하였느니라"(딤후 2:19)[7]

---

7) 문맥상 이 구절은 "부활이 이미 지나갔다"고 주장하는 이단을 경계하여 사도들이 전한 복음을 고수하여 그들이 닦아놓은 터 위에 믿음으로 견고히 서라는 내용입니다. 그러나 이 본문을 사도들이 전하지 않은 모든 종류의 '다른 복음', '거짓 복음'에 대한 경계로 적용할 수 있습니다.

• 복습을 위한 질문 •

1. 오늘날의 제자훈련 프로그램과 사도단의 결정적인 차이가 무엇입니까?

2. 바울은 예수님과 사도와 고린도교회를 각각 어떤 은유로 설명합니까? 이것이 어떤 의미에서 고린도교회의 분쟁을 해결하는 열쇠가 됩니까?

3. 바울은 예수님과 사도와 에베소교회를 각각 어떤 은유로 설명합니까?

4. 사도가 초대교회 당대에만 존재한 이유, 그리고 이제는 존재하지 않는 이유가 무엇입니까?

5. '신(新)사도 운동'과 교황을 내세우는 로마 천주교의 잘못된 주장을 사도가 닦아놓은 '터'와 관련하여 반박해보십시오.

6. 한 걸음 더 계 21:12~14의 새 예루살렘 성의 열두 기초석과 열두 문에 왜 각각 열두 사도의 이름과 열두 지파의 이름이 있는지, 오늘 배운 내용과 연결하여 설명해보십시오.

제5장

사도의 보편 직무 : 말씀, 성례, 권징

"예수께서 나아와 일러 가라사대 하늘과 땅의 모든 권세를 내게 주셨으니[18] 그러므로 너희는 가서 모든 족속으로 제자를 삼아 아버지와 아들과 성령의 이름으로 세례를 주고[19] 내가 너희에게 분부한 모든 것을 가르쳐 지키게 하라 볼찌어다 내가 세상 끝날까지 너희와 항상 함께 있으리라 하시니라[20]"(마 28:18~20)

"또 가라사대 너희는 온 천하에 다니며 만민에게 복음을 전파하라[15] 믿고 세례를 받는 사람은 구원을 얻을 것이요 믿지 않는 사람은 정죄를 받으리라[16]"(막 16:15~16)

"너희가 뉘 죄든지 사하면 사하여질 것이요 뉘 죄든지 그대로 두면 그대로 있으리라 하시니라"(요 20:23)

사도의 특수 직무와 보편 직무

사람-성전인 **교회의 터를 닦는 일**은 사도들에게 맡겨진 **특수 직무**입니다. 터를 두 번 닦지 않습니다. 역사상 단 한 번입니다. 그래서 사도는 초대교회 당대에만 존재했습니다. 오늘날에도 '사도' 또는 '사도의 후계자'가 있다는 주장은 성경의 증거와는 동떨어진 가르침입니다. 사도들이 전하지 않은 '다른 복음'입니다. 사도들이 전하지 않은 '다른 복음'을 전하는 자는 하나님의 저주를 받을 것입니다. 하늘의 천사라도 저주를 받을 것입니다.

"그리스도의 은혜로 너희를 부르신 이를 이같이 속히 떠나 다른 복음
좇는 것을 내가 이상히 여기노라₆ 다른 복음은 없나니 다만 어떤 사
람들이 너희를 요란케 하여 그리스도의 복음을 변하려 함이라₇ 그러
나 우리나 혹 하늘로부터 온 천사라도 우리가 너희에게 전한 복음 외
에 다른 복음을 전하면 저주를 받을찌어다₈ 우리가 전에 말하였거니
와 내가 지금 다시 말하노니 만일 누구든지 너희의 받은 것 외에 다
른 복음을 전하면 저주를 받을찌어다₉"(갈 1:6~9)

사도들은 교회의 터를 닦는 특수 직무뿐 아니라 **보편 직무**도 그리스
도로부터 위임받았습니다. 이 보편 직무는 사도가 아니라도 할 수 있
으며, 그리스도께서 다시 오실 때까지 계속됩니다.

부활하신 예수 그리스도의 지상대명령(The Great Commission)

마태복음은 부활하신 예수 그리스도의 지상대명령으로 종결됩니다.

"예수께서 나아와 일러 가라사대 하늘과 땅의 모든 권세를 내게 주
셨으니₁₈ 그러므로 너희는 가서 모든 족속으로 제자를 삼아 아버지와
아들과 성령의 이름으로 세례를 주고₁₉ 내가 너희에게 분부한 모든
것을 가르쳐 지키게 하라 볼찌어다 내가 세상 끝날까지 너희와 항상
함께 있으리라 하시니라₂₀"(마 28:18~20)

여기서도 우리는 대명사에 유의해야 합니다. 이 구절에서 "나"는 예
수님입니다. 그러면 "너희"는 누구입니까? 그 앞의 16절에 소개되어
있습니다.

"**열한 제자**가 갈릴리에 가서 예수의 명하시던 산에 이르러"(마 28:16)

19절의 "너희"는 스스로 목숨을 끊은 가룟 유다를 제외한 "열한 제자"입니다(16절). 오늘날 대다수 그리스도인은 지상대명령이 가장 먼저 사도들에게 주어졌다는 사실을 생각하지 않습니다. 이 구절의 "너희"를 '나 자신'이라고 곧바로 적용하여 길거리로 나갑니다. 어떤 이는 확성기를 들고, 또 다른 이는 전도지를 손에 쥐고 말입니다.

그리스도인이라면 마땅히 복음 전도를 해야 합니다. 그러나 이 본문의 내용을 살피지 않고 그래서는 안 됩니다. 예수님의 지상대명령은 한 문장입니다. 두 개의 현재분사를 대동한 하나의 주동사로 이루어져 분석이 어렵지 않습니다. 핵심 부분만 직역하면 다음과 같습니다.

"그러므로 너희(저자 주:사도들)는 가서[1] 모든 족속[2]으로 **제자로 삼으라**(저자 주:주동사)!

① … **세례를 주면서**(저자 주:현재분사)

② … **가르치면서**(저자 주:현재분사)"

사도들이 모든 민족을 제자로 삼으려면 두 가지 현재분사 행위를 해

---

1) "가서"에 해당하는 헬라어 'πορευθέντες(포류쎈테스)'는 '가다(go)'를 뜻하는 동사 'πορεύομαι(포류오마이)'의 부정과거(aorist) 분사입니다. 이를 직역하면, (그러므로 너희는) "간 후에"가 됩니다. 현재분사로 사용된 두 동사와는 용례가 다릅니다.

2) *한글개역성경*에서 "족속"으로, *한글개역개정성경*에서 "민족"으로 번역된 헬라어 명사 "ἔθνος(엘쓰노스)"는 "이방인(Gentile)", "(유대인이 아닌 이방) 민족/족속(nation)"을 의미합니다. 그래서 마태복음의 다른 구절에서는 대부분 "이방인"으로 번역되었습니다[참고. 마 4:15; 6:32; 10:5, 18; 12:18, 21; 20:19, 25; 21:43; 24:7(2회 사용), 9, 14; 25:32].

야 합니다. 그것은 ①세례를 주는 사역(성례)과 ②가르치는 사역(말씀)입니다. 즉, 예수님께서 사도들에게 위임하신 직무는 말씀과 성례 사역을 통해 모든 민족을 제자로 삼는 것입니다.

어느 한 그리스도인이 누군가를 전도한 뒤에 다음 곧바로, 그리고 사적으로 세례를 베풀어도 됩니까? 아닙니다. 교회를 통해서 그 일을 합니다. 어느 한 그리스도인이 다른 사람에게 그리스도께서 분부하신 모든 것을 다 가르칠 수 있습니까? 아닙니다. 교회를 통해서 그 일을 합니다. 개인적으로 전도하더라도, 세례와 말씀 사역은 (가르치는 장로인) 목사와 (다스리는) 장로들로 구성된 당회, 즉 '장로들의 회(會)'를 통해 시행됩니다. 그러므로 부활하신 예수 그리스도께서 사도들에게 하신 이 명령은 그리스도인의 개인 전도를 넘어서는 명령입니다. 이는 **①(지속적인) 말씀과 ②성례 사역을 통해 교회를 건설하라는 명령**입니다. 예수님께서는 이 일을 가장 우선적으로 이 일을 사도들에게 맡기셨습니다.

이는 (상대적으로 우리에게 마태복음보다는 좀 덜 알려진) 마가복음의 지상대명령과도 일치합니다.

> "또 가라사대 너희(저자 주 : 사도들)는 온 천하에 다니며 만민에게 복음을 전파하라₁₅ 믿고 세례를 받는 사람은 구원을 얻을 것이요 믿지 않는 사람은 정죄를 받으리라₁₆"(막 16 : 15~16)[3]

---

3) 꽤 많은 중요한 사본들에는 막 16:9~20 본문이 없습니다. 그러나 그 단락을 후대 첨가로 단정하는 것에는 신중해야 합니다. 예를 들어, 개혁자 칼빈은 막 16:15~18을 사도 직분과 직무, 세례 등 교회론을 논증하는 중요한 근거 구절 중 하나로 제시합니다. J. Calvin, *Institute*, IV.3.4, 12; 16:27, 28; 19:28을 참고하십시오.

이 구절의 "너희" 역시 "열한 제자"(막 16:14)입니다. 마태복음과의 차이가 있다면 직무가 하나 더 추가되어 있다는 점입니다.

① **말씀** 사역: 만민에게 복음을 전파
② **성례** 사역: 세례
③ **권징** 사역: 정죄

마가복음은 위의 세 번째를 슬그머니 추가한 것입니까? 아닙니다. 요한복음은 부활하신 예수님께서 사도들에게 하신 놀라운 말씀을 소개합니다.

> "너희(저자 주:사도들)가 뉘 죄든지 사하면 사하여질 것이요 뉘 죄든지 그대로 두면 그대로 있으리라 하시니라"(요 20:23)

이 구절에서도 "너희"는 사도입니다. 단, 이때 도마가 없었으므로 이 말씀을 할 당시 그 자리에 있었던 사람은 열 명의 사도들이었습니다. 부활하신 예수 그리스도께서는 사도들에게 권징, 즉 시벌과 해벌을 통해 천국 문을 여닫는 직무를 위임하셨습니다.

사도들이 시행한 보편 직무

사도들은 예수님께서 위임하신 이 보편 직무를 신실하게 수행합니다.

> "베드로가 가로되 너희가 회개하여 각각 예수 그리스도의 이름으로 **세례**를 받고 죄 사함을 얻으라 그리하면 성령을 선물로 받으리니[38]

… 그 말을 받는 사람들은 **세례**를 받으매 이날에 제자의 수가 삼천이
나 더하더라41 저희가 **사도의 가르침**을 받아 서로 교제하며 떡을 떼
며 기도하기를 전혀 힘쓰니라42"(행 2:38, 41~42)

말씀과 성례뿐 아니라 아나니아와 삽비라를 **권징**하여 천국 문을 닫
아버립니다(행 5:1~11). 성령의 권능을 돈 주고 사려던 마술사 시몬을
엄중히 **책망**합니다(행 8:20~24). 사도들은 이렇게 개인 전도의 차원이
아니라 **은혜의 방편과 교회의 표지를 통해 보편 직무를 시행**합니다.
   이 보편 직무는 오늘날에도 계속 시행되고 있습니다. 이제 사도들은
없지만, 이 직무는 여전히 남아 있습니다. **목사와 장로들로 구성된 당
회는 말씀과 성례와 권징을 계속 시행**합니다. 그래서 지금도 여전히
교회의 직분자들이 큰 권세로 천국 문을 여닫습니다.

> "1. 주 예수님께서는 자기 교회의 임금이시요 머리로서 국가공직자와
>   는 구별하여 교회 직원들의 손에 치리를 맡기셨다.
> 2. 이 직원들에게 천국의 열쇠를 맡기셨는데, 그들은 이 열쇠로써 정
>   죄하기도 하고 사죄할 수도 있으며, 회개하지 않는 자에게 말씀과
>   권징으로 천국을 닫고, 회개한 죄인에게는 필요에 따라 복음의 사
>   역과, 권징의 해벌로 천국을 열어 줄 권한을 가진다."(웨스트민스
>   터 신앙고백서 30:1~2)

1. 부활하신 예수 그리스도께서 사도들에게 위임하신 두 가지 직무가 무엇입니까?

2. 마태복음의 지상대명령이 어떤 내용인지 설명해보십시오.

3. 마가복음의 지상대명령이 어떤 내용인지 설명해보십시오.

4. 사도들이 보편 직무를 어떻게 수행했는지 사도행전의 본문을 들어 설명해보십시오.

5. 한 걸음 더 장로교회의 당회와 노회의 직무가 부활하신 예수 그리스도의 지상대명령과 어떤 관계가 있는지 설명해보십시오. 당회와 노회의 기능이 마비되거나 바르게 시행되지 않을 때의 위험에 대해서도 말해보십시오.

제2부

사도들의 독특한 체험

제6장

베드로와 변화산 사건

"이러므로 너희가 이것을 알고 이미 있는 진리에 섰으나 내가 항상 너희로 생각하게 하려 하노라₁₂ 내가 이 장막에 있을 동안에 너희를 일깨워 생각하게 함이 옳은 줄로 여기노니₁₃ 이는 우리 주 예수 그리스도께서 내게 지시하신 것같이 나도 이 장막을 벗어날 것이 임박한 줄을 앎이라₁₄ 내가 힘써 너희로 하여금 나의 떠난 후에라도 필요할 때는 이런 것을 생각나게 하려 하노라₁₅ 우리 주 예수 그리스도의 능력과 강림하심을 너희에게 알게 한 것이 공교히 만든 이야기를 좇은 것이 아니요 우리는 그의 크신 위엄을 친히 본 자라₁₆ 지극히 큰 영광 중에서 이러한 소리가 그에게 나기를 이는 내 사랑하는 아들이요 내 기뻐하는 자라 하실 때에 저가 하나님 아버지께 존귀와 영광을 받으셨느니라₁₇ 이 소리는 우리가 저와 함께 거룩한 산에 있을 때에 하늘로서 나옴을 들은 것이라₁₈ 또 우리에게 더 확실한 예언이 있어 어두운 데 비취는 등불과 같으니 날이 새어 샛별이 너희 마음에 떠오르기까지 너희가 이것을 주의하는 것이 가하니라₁₉ 먼저 알 것은 경의 모든 예언은 사사로이 풀 것이 아니니₂₀ 예언은 언제든지 사람의 뜻으로 낸 것이 아니요 오직 성령의 감동하심을 입은 사람들이 하나님께 받아 말한 것임이니라₂₁"(벧후 1:12~21)

"사랑하는 자들아 내가 이제 이 둘째 편지를 너희에게 쓰노니 이 둘로 너희 진실한 마음을 일깨워 생각하게 하여₁ 곧 거룩한 선지자의 예언한 말씀과 주 되신 구주께서 너희의 사도들로 말미암아 명하신 것을 기억하게 하려 하노라₂"(벧후 3:1~2)

제1~3장에서 우리는 이미 사도의 자격을 배웠습니다. 사도는 하나님 아버지의 뜻에 따라 예수님께서 지명하여 세우셨을 뿐 아니라 친히 가르치신 제자입니다. 사도는 부활하신 예수님을 목격한 증인입니다. 이 때문에 사도들은 일반 그리스도인들과는 다른 독특한 경험이나 신비로운 체험을 했습니다.

사도 베드로가 체험한 변화산 사건

오늘 본문 역시 마찬가지입니다. 사도 베드로는 이 서신의 수신자들에게 자신이 몇십 년 전 예수님의 공생애 당시 경험한 일을 증언합니다.

> "우리 주 예수 그리스도의 능력과 강림하심을 너희에게 알게 한 것이 공교히 만든 이야기를 좇은 것이 아니요 우리는 그의 크신 위엄을 친히 본 자라16 지극히 큰 영광 중에서 이러한 소리가 그에게 나기를 이는 내 사랑하는 아들이요 내 기뻐하는 자라 하실 때에 저가 하나님 아버지께 존귀와 영광을 받으셨느니라17 이 소리는 우리가 저와 함께 거룩한 산에 있을 때에 하늘로서 나옴을 들은 것이라18"(벧후 1:16~18)

이는 분명 공관복음서에도 기록된 **변화산 사건**을 가리킵니다(참고. 마 17:1~8; 막 9:2~8; 눅 9:28~36). 예수님과 함께 산 위에 올라간 베드로, 요한, 야고보 세 명의 사도는 상상조차 하기 어려운 일을 목격합니다. 예수님의 모습이 영광스럽게 변화되었습니다. 모세와 엘리야가 나타나 예수님과 대화했습니다. 구름 속에서 하나님의 음성이 들렸습니다.

이상의 내용이 베드로 서신에는 생략되었지만, 공관복음서에는 상세히 기록되어 있습니다. 예수님을 측근에서 모시던 세 명의 사도가 함께 보고 들은 이 사건의 의미를 아주 짧게 요약하면 다음의 표 1과 같습니다.

표 1. 변화산 사건의 요소와 의미

요소	의미
변화된 예수님의 모습	죽음 후에 나타날 부활의 영광
모세와 엘리야	율법(모세)과 선지자(엘리야)를 성취하심
대화 내용	고난과 죽음이 가져올 새 출애굽 (참고. 눅 9:31[1])
구름 속에서 들린 소리	하나님의 아들 (참고. 마 17:5[2])

1) "영광 중에 나타나서 장차 예수께서 예루살렘에서 별세하실 것을(τὴν ἔξοδον αὐτοῦ, ἣν ἤμελλεν πληροῦν ἐν Ἰερουσαλήμ, 텐 엘쎌돈 아우투 헨 에멜렌 플레룬 엔 예루살렘) 말씀할쌔"(눅 9:31)
이 구절에서 "예루살렘에서 별세하실 것을"을 직역하면, "예루살렘에서 이제 곧 성취하실 그분의 (그) 엑소더스(exodus)를"입니다. 즉, 예수님의 죽음과 부활과 승천을 통해 '종말론적 새 출애굽(the eschatological New Exodus)'이 발생할 것을 의미합니다. 누가복음과 사도행전에는 세 번의 굵직한 '떠남(exodus)'이 발생합니다. 먼저, 누가복음은 예수님께서 예루살렘을 떠나시고 제자들은 거기 남는 장면으로 끝납니다(눅 24:49~53). 스데반의 죽음에도, 사도들은 예루살렘을 떠나지 않습니다(행 8:1). 둘째, 사도 베드로가 예루살렘을 떠나며(행 12:17) 이제 예루살렘교회에서 (수리아) 안디옥교회로 장면이 전환됩니다. 셋째, 로마에 도착한 사도 바울이 반역하는 유대인(옛 이스라엘)에게서 이방인에게로 촛대가 옮겨진 것을 선포한 후, 담대히 복음을 전하는 장면에서 사도행전이 대단원의 막을 내립니다(행 28:25~31). 즉, 예수님의 예루살렘 탈출(exodus from Jerusalem)과 사도 베드로의 예루살렘 탈출(exodus from Jerusalem)에 이어 하나님 나라의 복음이 옛 언약 공동체인 이스라엘을 떠나(exodus from Israel, the old covenant community) 이방인에게로 전파되는 진행입니다. 이런 점에서 볼 때, 누가복음과 그 속편인 사도행전 전체는 새 출애굽의 역사입니다. 이 주제와 관련한 더 상세한 연구로는 미출간 박사학위 논문인 정연해, 「누가-행전에 나타난 "성전" 이해」(부산: 고신대학교, 2006)를 참고하십시오.

2) "말할 때에 홀연히 빛난 구름이 저희를 덮으며 구름 속에서 소리가 나서 가로되 이는 내 사랑하는 아들이요 내 기뻐하는 자니 너희는 저의 말을 들으라 하는지라"(마 17:5; 참고, 막 9:7; 눅 9:35)
구름 속에서 들린 소리는 구약성경의 이중 인용입니다. 하나는 사 42:1 이하를 인용한 것인데, 이사야 42~53장에 있는 네 편의 '종의 노래' 중 첫 번째 노래입니다. 다른 하나는 시 2:7인데, '다윗의 왕권을 가진 메시아(왕)'에 대한 노래입니다. 둘 다 왕에 대한 노래이지만, 차이가 있습니다. 후자는 반역자들을 심판하는 강력한 권세를 가진 왕이 시온산에 좌정해 있음을 노래하며, 그 앞에 항복하라는 최후통첩으로 끝납니다. 전자는 상한 갈대도 꺾지 않는 왕(첫째 노래)이 마침내 그 백성들을 위해 자기 목숨을 바치는 내용(넷째 노래)으로 끝납니다. 전자는 예수 그리스도의 고난과 죽음의 필요성을, 후자는 예수 그리스도의 부활과 승천으로 획득하신 승리와 통치를 강조합니다. 구약성경의 이 이중 인용은 변화산 사건의 의미 – 예수님의 고난과 죽음의 필요성과 당위성 그리고 부활과 승천을 통해 가져오실 승리 –를 강화합니다.

변화산 사건은 예수님의 공생애 전체의 요약이자 복음의 요약입니다. 예수님께서는 율법과 선지자가 예언한 대로 오셨습니다. 모세(율법)와 엘리야(선지자)는 예수님의 고난과 죽음을 예언했습니다(참고. 눅 9:31). 그러나 예수님께서는 고난과 죽음 후에 부활하실 것입니다. 세 명의 사도는 영광스러운 모습으로 변화되신 예수님을 통해 그분의 부활을 미리 맛보았습니다. 이 과정을 통해 예수님께서 '하나님의 아들'임이 입증됩니다. 아들을 통해 아버지의 기쁘신 뜻이 이루어집니다.

사도 베드로가 자신의 독특한 체험을 언급한 이유

사도 베드로는 왜 자신의 이 독특한 경험(변화산 사건)을 수신자들에게 언급했을까요? 여기에는 몇 가지 중요한 이유가 있습니다.

첫째, 베드로 자신의 **임종**이 멀지 않았기 때문입니다(14절).

> "이는 우리 주 예수 그리스도께서 내게 지시하신 것같이 나도 이 장막을 벗어날 것이 임박한 줄을 앎이라"(벧후 1:14)

둘째, 그런 중에도 사도들이 전하고 가르친 복음과 무관한 **이단자**들이 활동하고 있었기 때문입니다.

> "그러나 민간에 또한 **거짓 선지자들**이 일어났었나니 이와 같이 너희 중에도 **거짓 선생들**이 있으리라 저희는 멸망케 할 **이단**을 가만히 끌어들여 자기들을 사신 주를 부인하고 임박한 멸망을 스스로 취하는 자들이라₁ 여럿이 저희 호색하는 것을 좇으리니 이로 인하여 진리의 도가 훼방을 받을 것이요₂ 저희가 탐심을 인하여 지은 말을 가지

고 너희로 이를 삼으니 저희 심판은 옛적부터 지체하지 아니하며 저
희 멸망은 자지 아니하느니라₃"(벧후 2:1~3)

셋째, 바로 이런 이유로 인해 베드로는 자신이 세상을 떠나기 전에
수신자들에게 **참 복음**을 다시 한번 일깨워주어야 했습니다.

"이러므로 너희가 이것을 알고 이미 있는 진리에 섰으나 내가 항상
너희로 생각하게 하려 하노라₁₂ 내가 이 장막에 있을 동안에 너희를
일깨워 생각하게 함이 옳은 줄로 여기노니₁₃ 이는 우리 주 예수 그리
스도께서 내게 지시하신 것같이 나도 이 장막을 벗어날 것이 임박한
줄을 앎이라₁₄ 내가 힘써 너희로 하여금 나의 떠난 후에라도 필요할
때는 이런 것을 생각나게 하려 하노라₁₅"(벧후 1:12~15)

그래서 베드로는 예수님의 공생애 당시 자신이 보고 들은 바를 증언
합니다. 자신이 전한 복음은 사람이 지어낸 이야기가 아니라 예수님의
사도로서 그분과 함께 다니면서 직접 보고 들은 내용이라고 밝힙니다.

"우리 주 예수 그리스도의 능력과 강림하심을 너희에게 알게 한 것이
공교히 만든 이야기를 좇은 것이 아니요 우리는 그의 크신 위엄을 친
히 본 자라"(벧후 1:16)

수신자들이 해야 할 일

그러면 임종을 앞둔 노(老) 사도의 독특한 체험을 들은 수신자들이
할 일이 무엇입니까? 그들도 같은 체험을 해야 합니까? 아닙니다. 바

로 다음 문맥에서, 베드로는 수신자들이 할 일을 단순명료하게 밝힙니다.

> "또 우리에게 **더 확실한 예언**이 있어 어두운 데 비취는 등불과 같으니 날이 새어 샛별이 너희 마음에 떠오르기까지 너희가 이것을 주의하는 것이 가하니라₁₉ 먼저 알 것은 **경의 모든 예언**은 사사로이 풀 것이 아니니₂₀ 예언은 언제든지 사람의 뜻으로 낸 것이 아니요 오직 **성령의 감동하심을 입은 사람들이 하나님께 받아 말한 것**임이니라₂₁"(벧후 1:19~21)

이를 앞의 16~18절과 연결하여 쉽게 설명하면 다음과 같습니다.

> "나(베드로)는 거룩한 산에서 예수 그리스도의 위엄을 친히 목격한 사도입니다. 그러니 내가 전한 복음은 지어낸 이야기가 아닙니다. 이제 나의 죽음이 임박했습니다(13~18절). 사도인 내가 죽더라도 더 확실한 예언이 있어 마치 등불처럼 여러분을 비춰줄 것입니다. 그것은 바로 성령의 감동하심으로 기록된 성경입니다(19~21절). 이 성경이 비춰주므로, 여러분은 거짓 선지자, 거짓 교사, 이단자들의 공격을 물리칠 수 있습니다(2장 전체)."

2장까지 설명한 후에 3장에서 베드로는 다시 한번 이렇게 못 박습니다.

> "사랑하는 자들아 내가 이제 이 둘째 편지를 너희에게 쓰노니 이 둘로 너희 진실한 마음을 일깨워 생각하게 하여₁ 곧 거룩한 선지자의 예언한 말씀과 주 되신 구주께서 너희의 사도들로 말미암아 명하신

것을 기억하게 하려 하노라₂"(벧후 3:1~2)

　선지자들이 예언한 말씀(구약성경)과 (이후에 신약성경으로 완성될) 사도들
이 전한 복음을 기억하는 것, 바로 이것이 신약 교회가 할 일입니다.
사도 베드로와는 달리, 우리는 부활하신 예수님을 직접 만나지 못합니
다. 그러나 그 대신 '오직 성경'을 통해 예수님을 만납니다. 그분을 믿
고 사랑하고 기뻐합니다.

　　"예수를 너희가 보지 못하였으나 사랑하는도다 이제도 보지 못하나
　　믿고 말할 수 없는 영광스러운 즐거움으로 기뻐하니₈ 믿음의 결국 곧
　　영혼의 구원을 받음이라₉"(벧전 1:8~9)

• 복습을 위한 질문 •

1. 베드로가 수신자들에게 소개한 자신의 체험이 무엇입니까?

2. 베드로가 체험한 사건의 각 요소와 그 의미를 설명해보십시오.

3. 베드로가 수신자들에게 자신의 체험을 상기시킨 이유가 무엇입니까?

4. 사도의 체험을 들은 수신자들이 해야 할 일이 무엇인지 설명해보십시오.

5. 한 걸음 더 베드로는 같은 시대에 활동한 바울이 쓴 서신들을 성령의 감동하심을 받아 기록한 성경이라고 생각했을까요? 할례자의 사도인 베드로와 이방인의 사도인 바울이 전한 복음은 서로 달랐을까요? 벧후 3:15~16을 읽고 설명해보십시오.

제7장

바울과 셋째 하늘

"무익하나마 내가 부득불 자랑하노니 주의 환상과 계시를 말하리라₁ 내가 그리
스도 안에 있는 한 사람을 아노니 십사 년 전에 그가 세째 하늘에 이끌려 간 자
라 (그가 몸 안에 있었는지 몸 밖에 있었는지 나는 모르거니와 하나님은 아시느니
라)₂ 내가 이런 사람을 아노니 (그가 몸 안에 있었는지 몸 밖에 있었는지 나는 모르
거니와 하나님은 아시느니라)₃ 그가 낙원으로 이끌려 가서 말할 수 없는 말을 들
었으니 사람이 가히 이르지 못할 말이로다₄ 내가 이런 사람을 위하여 자랑하겠
으나 나를 위하여는 약한 것들 외에 자랑치 아니하리라₅ 내가 만일 자랑하고자
하여도 어리석은 자가 되지 아니할 것은 내가 참말을 함이라 그러나 누가 나를
보는 바와 내게 듣는 바에 지나치게 생각할까 두려워하여 그만두노라₆ 여러 계
시를 받은 것이 지극히 크므로 너무 자고하지 않게 하시려고 내 육체에 가시 곧
사단의 사자를 주셨으니 이는 나를 쳐서 너무 자고하지 않게 하려 하심이니라
₇ 이것이 내게서 떠나기 위하여 내가 세 번 주께 간구하였더니₈ 내게 이르시기
를 내 은혜가 네게 족하도다 이는 내 능력이 약한 데서 온전하여짐이라 하신지
라 이러므로 도리어 크게 기뻐함으로 나의 여러 약한 것들에 대하여 자랑하리
니 이는 그리스도의 능력으로 내게 머물게 하려 함이라₉ 그러므로 내가 그리스
도를 위하여 약한 것들과 능욕과 궁핍과 핍박과 곤란을 기뻐하노니 이는 내가
약할 그때에 곧 강함이니라₁₀ 내가 어리석은 자가 되었으나 너희가 억지로 시킨
것이니 내가 너희에게 칭찬을 받아야 마땅하도다 내가 아무 것도 아니나 지극
히 큰 사도들보다 조금도 부족하지 아니하니라₁₁ 사도의 표 된 것은 내가 너희
가운데서 모든 참음과 표적과 기사와 능력을 행한 것이라₁₂ 내 자신이 너희에게
폐를 끼치지 아니한 일 밖에 다른 교회보다 부족하게 한 것이 무엇이 있느냐 너
희는 나의 이 공평치 못한 것을 용서하라₁₃"(고후 12:1~13)

"바울은 셋째 하늘에 올라갔습니다. 그러나 하나님께서는 그가 교만하지 않도록 불치병을 주셨답니다. 우리 주위에도 셋째 하늘, 즉 천국에 다녀온 사람들이 있습니다. 그러나 교만하면 안 되겠지요."

부모님, 목사님, 장로님, 구역장, 주일학교 선생님, 그 외 교회 어르신들로부터 귀에 딱지가 앉을 정도로 듣던 말입니다. 그러나 과연 그럴까요? 본문 말씀은 오늘날에도 우리가 그런 체험을 할 수 있으나 겸손해야 한다는 뜻일까요?

상당수 그리스도인은 사도행전과 바울서신을 읽을 때, 바울이 사도라는 사실을 그리 염두에 두지 않습니다. 오히려 바울을 매우 헌신적인 그리스도인 중 하나로 생각하기 때문에, 그가 사도로서 경험한 독특한 사건까지도 우리가 본받아야 할 일로 여길 때가 많습니다. 그러나 이런 생각은 고린도후서의 문맥과 내용, 그리고 바울의 기록 목적과 거리가 있습니다. 고린도교회의 상황과 고린도후서의 내용을 알게 되면, 그 생각이 달라질 것입니다.

고린도교회의 대적자들과 고린도후서의 배경

고린도후서는 바울의 사도 직분과 관련되어 있습니다. 바울의 대적자들이 교회 안팎에 있었습니다.

(1) 교회 밖의 대적자들

교회 밖에 있는 대적자들은 **주로 예루살렘 성전과 회당을 중심으로 한 유대인들**입니다. 적어도 그들이 보기에, 바울은 한때 동지였다가 이단의 괴수 나사렛 예수를 믿는 집단으로 넘어간 배교자입니다. 사도행전을 보면, 유대인들이 곳곳에서 바울을 죽이려 합니다. 이러한 양상은 고린도에서도 크게 다르지 않습니다. 고린도 회당에 출석하던 대다수 유대인은 바울을 대적하며 훼방합니다. 그래서 바울은 회당에서 복음을 전하는 일을 중단하고 고린도교회를 개척합니다. 무엇보다도, 고린도교회의 첫 회집 장소가 유대인의 회당 바로 옆집이라는 사실은 이 양자 간의 긴박한 갈등 관계를 더욱 뒷받침합니다.

> "안식일마다 바울이 회당에서 강론하고 유대인과 헬라인을 권면하니라₄ 실라와 디모데가 마게도냐로서 내려오매 바울이 하나님의 말씀에 붙잡혀 유대인들에게 예수는 그리스도라 밝히 증거하니₅ 저희가 대적하여 훼방하거늘 바울이 옷을 떨어 가로되 너희 피가 너희 머리로 돌아갈 것이요 나는 깨끗하니라 이후에는 이방인에게로 가리라 하고₆ 거기서 옮겨 하나님을 공경하는 디도 유스도라 하는 사람의 집에 들어가니 **그 집이 회당 옆이라**"(행 18:4~7)

이뿐 아닙니다. 고린도의 회당장 그리스보 가정 전체가 기독교인이 된 데다 바울이 일 년 육 개월 동안 거기서 사역하는 기간에 (그리스보의 후임자로 추정되는) 다음 회당장 소스데네 역시 회심했으니 교회에 대한 유대인들의 적대감이 어떠했겠습니까?

> "또 **회당장 그리스보가 온 집으로 더불어 주를 믿으며** 수다한 고린도 사람도 듣고 믿어 세례를 받더라₈ ··· 일 년 육 개월을 유하며 그들 가운데서 하나님의 말씀을 가르치니라₁₁ 갈리오가 아가야 총독 되었을 때에 유대인이 일제히 일어나 바울을 대적하여 재판 자리로 데리고 와서₁₂ 말하되 이 사람이 율법을 어기어 하나님을 공경하라고 사

람들을 권한다 하거늘₁₃ 바울이 입을 열고자 할 때에 갈리오가 유대 인들에게 이르되 너희 유대인들아 만일 무슨 부정한 일이나 괴악한 행동이었으면 내가 너희 말을 들어주는 것이 가하거니와₁₄ 만일 문제 가 언어와 명칭과 너희 법에 관한 것이면 너희가 스스로 처리하라 나 는 이러한 일에 재판장 되기를 원치 아니하노라 하고₁₅ 저희를 재판 자리에서 쫓아내니₁₆ 모든 사람이 **회당장 소스데네를 잡아 재판 자 리 앞에서 때리되** 갈리오가 이 일을 상관치 아니하니라₁₇"(행 18:8, 11~17; 참고. 고전 1:1¹)

(2) 교회 안의 대적자들

그러나 바울을 더욱더 괴롭게 한 자들은 교회 안의 대적자들입니다. 이 사람들로 인해 고린도교회 안에는 여러 가지 문제가 발생합니다. 그 대표적인 문제는 **바울의 사도직에 대한 의심과 공격**입니다. 바울은 고린도전서에서 이 문제에 답변하여, 자신의 사도직을 변증합니다.

"내가 자유자가 아니냐 **사도**가 아니냐 예수 우리 주를 보지 못하였느냐 주 안에서 행한 나의 일이 너희가 아니냐₁ 다른 사람들에게는 내가 사도가 아 닐찌라도 너희에게는 사도니 나의 사도 됨을 주 안에서 인친 것이 너희라₂ … 내가 내 임의로 이것을 행하면 상을 얻으려니와 임의로 아니한다 할찌 라도 나는 **직분**(οἰκονομίαν, 오이코노미안)²을 맡았노라₁₇"(고전 9:1~2, 17)

---

1) 행 18:17에서 유대인들에게 맞은 "소스데네"는, 바울과 함께 고린도전서의 발신자로 기록 된 "소스데네"와 십중팔구 동일인일 것입니다.
   "하나님의 뜻을 따라 그리스도 예수의 사도로 부르심을 입은 바울과 및 형제 소스데네 는"(고전 1:1)
2) *한글개역개정성경*에는 "사명"으로 번역되었습니다. '경영(management)', '직무(stewardship)', '책무(responsibility/trusteeship)'를 의미하는 헬라어 명사 'οἰκονομία(오이코노미아)'의

"맨 나중에 만삭되지 못하여 난 자 같은 내게도 보이셨느니라8 나는 **사도** 중에 지극히 작은 자라 내가 하나님의 교회를 핍박하였으므로 사도라 칭함을 받기에 감당치 못할 자로라9 그러나 나의 나 된 것은 하나님의 은혜로 된 것이니 내게 주신 그의 은혜가 헛되지 아니하여 내가 모든 **사도**보다 더 많이 수고하였으나 내가 아니요 오직 나와 함께하신 하나님의 은혜로라10"(고전 15:8~10; 참고. 고후 11:5~6[3])

　고린도교회의 영적 상태는 실로 심각했습니다. 교회 안에는 파당과 분쟁, 교리의 혼동, 도덕적 문제 등이 산재했습니다. 그래서 바울은 많은 눈물과 애통과 근심 가운데 고린도전서를 써서 보냅니다(고린도후서 2장).[4] 편지를 보낸 후, 바울은 조마조마한 마음으로 기다립니다. 마침내 바울의 동역자 디도가 와서 고린도교회의 소식을 전해줍니다. 대다수 교인이 바울의 편지를 받고 회개했으며, 교회가 권징을 시행했다는 소식입니다. 이 소식은 바울에게 큰 기쁨이 되었습니다(고후 7:6~16; 참고. 2:5~8).

　그러나 여전히 바울을 적대하며 회개하지 않는 자들도 있었습니다. 그들은 거짓 사도, 거짓 교사들의 말을 좇아 **바울의 사도직과 (연보 전달을 포함한) 그의 사역을 의심합니다** (특히 고후 10:10~12; 11:1~15; 12:11~21

여성, 단수, 대격입니다. 성경에서 이 단어는 종종 온 세상을 섭리하시는 하나님의 구속의 "경륜"(엡 1:9; 3:2, 9; 골 1:25; 딤전 1:4)을 의미합니다.

3) "내가 지극히 큰 사도들보다 부족한 것이 조금도 없는 줄 생각하노라5 내가 비록 말에는 졸하나 지식에는 그렇지 아니하니 이것을 우리가 모든 사람 가운데서 모든 일로 너희에게 나타내었노라6"(고후 11:5~6)

4) 고린도후서 2장의 내용에 근거하여, 사도 바울이 이전에 고린도전서 외에 또 다른 서신을 고린도교회에게 써서 보냈다고 추정하기도 합니다. 이에 관해서는 여기서 다루지 않겠습니다.

을 읽어보십시오).[5] 바울은 고린도교회를 방문하여 이런 사람들을 시벌할 것이라고 예고합니다.

> "너희의 복종이 온전히 될 때에 모든 복종치 않는 것을 벌하려고 예비하는 중에 있노라"(고후 10:6)

> "내가 이제 세 번째 너희에게 갈 터이니 두세 증인의 입으로 말마다 확정하리라₁ 내가 이미 말하였거니와 지금 떠나 있으나 두 번째 대면하였을 때와 같이 전에 죄 지은 자들과 그 남은 모든 사람에게 미리 말하노니 내가 다시 가면 용서하지 아니하리라₂"(고후 13:1~2)

고린도후서의 핵심 주제와 구조

고린도후서는 바로 이런 배경 위에서 작성된 서신입니다. 고린도후서의 **핵심 주제**는 이것입니다.

"바울은 주 예수 그리스도의 사도다."

모든 성경은 성령의 영감으로 기록된 하나님의 말씀입니다(딤후 3:16; 벧후 1:21). 모든 성경은 영생의 말씀이며, 주 예수 그리스도를 증언합니다(요 5:39; 딤후 3:15). 성경을 믿지 않으면서 예수님을 믿는 것은 불가능합니다. 성경을 믿으면서 예수님을 믿지 않는 것 역시 불가능합니다.

이 사실은 고린도후서에도 적용됩니다. 고린도후서가 성령의 영감으

---

5) 이는 바울이 자신의 사도직 변증(1~7장, 10~13장)과 연보의 원리(8~9장)를 고린도후서의 주된 내용으로 쓴 배경이 되었습니다.

로 기록된 성경이라고 고백하십니까? 그 사람은 바울이 사도라는 사실을 절대 부인할 수 없습니다. 예수님을 유일무이한 구주로 고백하십니까? 그 사람은 바울이 사도라는 사실을 절대 부인할 수 없습니다. 바울을 사도로 받아들이지 않으면서 고린도후서를 성경으로 고백할 수 없기 때문입니다. 바울을 사도로 받아들이지 않으면서 예수님을 구주로 고백할 수 없기 때문입니다. 그 이유는 간단합니다. 고린도후서 전체는 **바울의 사도직과 그의 사역에 대한 변증**으로 꽉 차 있기 때문입니다. 고린도후서의 구조와 내용을 통해 이 사실을 쉽게 알 수 있습니다. 아래의 그림 1을 보십시오.

그림 1. 고린도후서의 상세한 구조와 내용

A. **서론:** 문안과 감사 (1:1~11)

B. **사도의 변증:** 바울의 사도적 사역에 대한 변증 (1:12~7장)

  a. 선교 여행 계획의 변경 설명 (1:12~2:13)

  b. 사도 바울의 사역 정신과 자세 (2:14~6:10)

  c. 고린도교회를 향한 바울의 권고 (6:11~7장)

C. **사도의 모금:** 예루살렘 성도들을 위한 구제 연보를 권면 (8~9장)

  a. 마게도냐 지역 교회들의 모범 된 연보 자세 (8:1~5)

  b. 연보의 목적(평균케 함) (8:6~15)

  c. 연보 모금자 추천(디도와 다른 한 형제) (8:16~9:5)

  d. 연보하는 자의 자세(자원하는 마음, 9:7)와 하나님의 약속 (9:6~15)

D. **사도의 변증:** 바울의 사도직에 대한 변증 (10장~13:10)

  a. 바울을 비난하는 자들에 대한 변증 (10장)

  b. 바울 자신의 사도권 변증과 거짓 교사들에 대한 경계 (11:1~15)

  c. 복음을 위한 바울의 고난 (11:16~33)

  d. 바울이 받은 사도적 계시와 육체의 가시(사탄의 사자) (12:1~10)

  e. 사도의 표를 지닌 바울 자신의 변증 (12:11~13)

  f. 바울의 고린도교회 방문 계획과 경고 (12:14~13:10)

E. **결론:** 마지막 권고와 문안과 축복 (13:11~13)

이상에서 보는 바와 같이, 고린도후서는 그 내용상 교차 대구/수미 쌍관 구조Chiasmus를 이루는데, 이를 좀 더 간략히 나타내면 아래의 그림 2와 같습니다.

그림 2. 고린도후서의 간략한 구조와 내용

A. **서론:** 문안과 감사 (1:1~11)
   B. **사도의 변증:** 바울의 사도직과 사역에 대한 변증 (1:12~7장)
      C. **사도의 모금:** 연보의 원리와 권면 (8~9장)
   D. **사도의 변증:** 바울의 사도직과 사역에 대한 변증 (10장~13:10)
E. **결론:** 마지막 권고와 문안과 축복 (13:11~13) [6]

고린도후서의 문맥과 내용 : 10~11장

(1) 고린도후서 10장

이 장의 핵심 내용은 **사도인 바울이 가진 권세, 특히 권징에 대한 권세**입니다. 바울은 (사도인) 자신을 비난하면서도 회개하지 않는 무리를 벌할 권세를 갖고 있습니다.

"우리가 육체에 있어 행하나 육체대로 싸우지 아니하노니₃ 우리의 싸우는 병기는 육체에 속한 것이 아니요 오직 하나님 앞에서 견고한 진을 파하는 강력이라₄ 모든 이론을 파하며 하나님 아는 것을 대적하여

---

6) MacArthur(맥아더)는 고린도후서 전체 구조를 개관할 때, 큰 제목에 "사도"라는 단어를 붙입니다. J. MacArthur Jr., *2 Corinthians*, The MacArthur New Testament Commentary (Chicago: Moody Pub., 2003), 8~9. 그가 개관한 내용의 큰 제목은 아래와 같습니다.
   I. Apostolic Ministry(사도의 사역)(1:1~7:16)
   II. Apostolic Collection(사도의 모금)(8:1~9:15)
   III. Apostolic Vindication(사도의 입증)(10:1~13:14)

높아진 것을 다 파하고 모든 생각을 사로잡아 그리스도에게 복종케 하니₅ 너희의 복종이 온전히 될 때에 모든 복종치 않는 것을 벌하려고 예비하는 중에 있노라₆"(3~6절)[7]

그러나 그는 그리스도의 온유와 관용으로 그들에게 다시 한번 회개의 기회를 줍니다.

"너희를 대하여 대면하면 겸비하고 떠나 있으면 담대한 나 바울은 이제 그리스도의 온유와 관용으로 친히 너희를 권하고₁ 또한 우리를 육체대로 행하는 자로 여기는 자들을 대하여 내가 담대히 대하려는 것 같이 너희와 함께 있을 때에 나로 하여금 이 담대한 태도로 대하지 않게 하기를 구하노라₂ … 자랑하는 자는 주 안에서 자랑할찌니라₁₇ 옳다 인정함을 받는 자는 자기를 칭찬하는 자가 아니요 오직 주께서 칭찬하시는 자니라₁₈"(1~2, 17~18절)

(2) 고린도후서 11장
이 장의 핵심 내용은 **거짓 사도에 대한 경계와 바울의 사도직 변증**

---

7) 한국 교회의 그리스도인 중 다수는 3~5절을 개인의 '영적 전쟁'으로 곡해합니다. 그러나 이 본문의 핵심 내용은 '권징의 원리'입니다. 고린도후서 10장에서 사도 바울은 권징의 원리를 설명합니다. 첫째, 권징은 "그리스도의 온유와 관용"으로 시행해야 합니다(1절). 둘째, 권징은 (세속적이거나 육신의) 전쟁이 아닌 영적 전쟁의 "병기(ὅπλον, 호플론)"입니다(3~5절). 이 때문에 (국가와 민족이 곧 교회인 구약 교회와는 달리) 육체를 억압하는 권징을 해서는 안 됩니다. (육체를 제어하는 형벌은 하나님께서 세상 집권자에게 주신 권세입니다.) 셋째, 권징은 행동뿐 아니라 그 생각까지도 그리스도께 복종케 할 목적으로 시행합니다(5절). 넷째, 권징은 끝까지 회개하지 않고 불순종하는 자를 징벌하는 병기입니다(6절). 다섯째, 권징은 (사적(私的) 기준이나 감정이 아니라) 하나님께서 주신 권세와 말씀의 기준, 즉 "분량의 한계(τὸ μέτρον τοῦ κανόνος, 토 메트론 투 카노노스)"를 따라 판단하고 시행합니다(13~14절).

입니다. 먼저 바울은 자신의 직무를 은유적으로 설명합니다. 자신은 신부인 (고린도)교회와 신랑이신 예수님을 연결하는 중매쟁이입니다.

"내가 하나님의 열심으로 너희를 위하여 열심 내노니 내가 너희를 정결한 처녀로 한 남편인 그리스도께 드리려고 중매함이로다"(2절)

그다음, 바울은 대적자들이 바울의 사도직과 사역을 의심하게 된 배경을 설명합니다. 고린도교회 안에 있는 거짓 사도들 때문입니다(3~15절). 에덴동산에서 뱀이 하와를 미혹한 것과 마찬가지로, 거짓 사도들 역시 그리스도의 신부인 교회를 미혹했습니다. 바울은 이를 적나라하게 밝힘으로써 그들을 아직 용납하고 있는 고린도교회를 책망하고 경계합니다.

"뱀이 그 간계로 이와를 미혹케 한 것같이 너희 마음이 그리스도를 향하는 진실함과 깨끗함에서 떠나 부패할까 두려워하노라₃ 만일 누가 가서 우리의 전파하지 아니한 **다른 예수**를 전파하거나 혹 너희의 받지 아니한 **다른 영**을 받게 하거나 혹 너희의 받지 아니한 **다른 복음**을 받게 할 때에는 너희가 잘 용납하는구나₄ … 저런 사람들은 **거짓 사도**(ψευδαπόστολοι, 프슈다포스톨로이)⁸요 **궤휼의 역군**이니 자기를 그리스도의 사도로 가장하는 자들이니라₁₃ 이것이 이상한 일이 아니라 사단도 자기를 광명의 천사로 가장하나니₁₄ 그러므로 **사단의 일군**들도 자기를 의의 일군으로 가장하는 것이 또한 큰일이 아니라 저희

---

8) 한글개역성경과 한글개역개정성경에서 "거짓 사도"로 번역된 헬라어 명사 'ψευδαπόστολος (프슈다포스톨로스)'는 '거짓말(lie)', '거짓(falsehood)', '사기(deceit)'를 뜻하는 'ψεῦδος(프슈도스)'와 '사도(apostle)'를 뜻하는 'ἀπόστολος(아포스톨로스)'의 합성어입니다.

의 결국은 그 행위대로 되리라₁₅"(3~4, 13~15절)

위의 본문에서 "다른 예수", "다른 영", "다른 복음", "거짓 사도",
"궤휼의 역군", "사단의 일군들"이라는 표현에 주목하십시오. 바울이
얼마나 강력히 이단을 경계하는지 알 수 있습니다. 사도 바울은 이 거
짓 사도들이 **유대인/유대주의자들**임을 밝힙니다.

"저희가 히브리인이냐 나도 그러하며 저희가 이스라엘인이냐 나
도 그러하며 저희가 아브라함의 씨냐 나도 그러하며₂₂ 저희가 그리
스도의 일군이냐 정신 없는 말을 하거니와 나도 더욱 그러하도다…
₂₃"(22~23절)

고린도교회가 거짓 사도들과 그들의 가르침을 물리치고 참 복음 위
에 굳게 서기 위해서는 거짓 사도를 분별해야 하며, 또 바울이 참 사도
임을 확신해야 합니다. 이를 위해 바울은 자신의 사도직과 사역을 다
시 한번 변증합니다. 이 변증에는 자신이 그리스도의 복음과 교회를
위해 당한 각종 고난이 포함되어 있습니다(16~33절).

"내가 다시 말하노니 누구든지 나를 어리석은 자로 여기지 말라 만일
그러하더라도 나로 조금 자랑하게 어리석은 자로 받으라₁₆ 내가 말하
는 것은 주를 따라 하는 말이 아니요 오직 어리석은 자와 같이 기탄
없이 자랑하노라₁₇ … 저희가 그리스도의 일군이냐 정신 없는 말을 하
거니와 나도 더욱 그러하도다 내가 수고를 넘치도록 하고 옥에 갇히
기도 더 많이 하고 매도 수없이 맞고 여러 번 죽을 뻔하였으니₂₃ 유
대인들에게 사십에 하나 감한 매를 다섯 번 맞았으며₂₄ … 내가 부득

불 자랑할찐대 나의 약한 것을 자랑하리라₃₀ 주 예수의 아버지 영원히 찬송할 하나님이 나의 거짓말 아니하는 줄을 아시느니라₃₁ 다메섹에서 아레다 왕의 방백이 나를 잡으려고 다메섹 성을 지킬째₃₂ 내가 광주리를 타고 들창문으로 성벽을 내려가 그 손에서 벗어났노라₃₃"(16~17, 23~24, 30~33절)

셋째 하늘에 올라간 사도 바울

우리는 앞에서 설명한 문맥의 흐름에 따라 12장 내용을 이해해야 합니다. 12장에서 바울은 **대적자들이 도저히 반박할 수 없는 증거**를 제시합니다. 그것은 바로 **셋째 하늘에 올라간 체험**입니다. 바울은 "주의 환상과 계시"를 받은 사람입니다.

"무익하나마 내가 부득불 자랑하노니 주의 환상과 계시를 말하리라"(1절)

그는 셋째 하늘, 즉 낙원을 경험하고 계시를 받았습니다.[9]

---

9) 바울의 셋째 하늘 체험은 구약성경에 기초합니다. 참 선지자는 거짓 선지자들과 구별되는 표를 갖고 있습니다. 그것은 바로 여호와 하나님의 천상 회의에 참석하는 것입니다(렘 23:18, 21~22). 사도 요한 역시 바울과 비슷한 체험을 합니다(계 4:1~2). 성경에서 '선지자(נָבִיא, 나비)'라는 단어가 최초로 사용된 인물은 아브라함입니다. 그는 소돔과 고모라에 내릴 심판과 의인의 구원에 대해 하나님과 의논합니다(창 18:17~33). 선지자 미가야는 아합의 죽음과 관련한 천상 회의의 내용을 들려줍니다(왕상 22:19~23). 웃시야 왕이 죽던 해에, 선지자 이사야는 성전에서 하늘 보좌에 앉아 계신 하나님을 만나 남 왕국 유다에 임할 심판에 관해 여쭙고 대답을 듣습니다(사 6:1~13). 선지자 아모스는 북 왕국 이스라엘의 운명을 놓고 하나님과 의논하며(암 7:1~9), 하나님께서는 모든 비밀을 그에게 계시하십니다(암 3:7).

"그가 낙원으로 이끌려 가서 말할 수 없는 말을 들었으니 사람이 가
히 이르지 못할 말이로다"(4절)

바울은 이 놀라운 체험을 소개한 뒤, 한 마디로 못을 박습니다.

"**사도의 표** 된 것은(τὰ μὲν σημεῖα τοῦ ἀποστόλου, 타 멘 쎄메이아 투 아포
스톨루) 내가 너희 가운데서 모든 참음과 표적과 기사와 능력을 행한
것이라"(12절)

이 말이 무슨 뜻입니까? 이 신비한 체험은 바울이 (남들보다 출중한 능력
의 소유자이거나 헌신 된 신앙인이어서가 아니라) 예수 그리스도의 사도이기 때
문에 받은 "**표**"[10]라는 뜻입니다. 즉, (거짓 사도와 구별되어) 그리스도의 사
도가 확실하니 이제부터는 바울의 직분과 사역을 의심하지 말라는 뜻
으로 쓴 것입니다. 그래서 바울은 바로 다음 문맥(고후 12:14~13:10)에서
고린도교회에게는 스스로 정화할 기회를, 그리고 대적자들에게는 회
개의 기회를 마지막으로 줍니다. 이렇게까지 사도직을 변증했는데도
대적자들이 끝까지 회개하지 않고 불순종한다면, 그들을 절대 용서하
지 않으리라는 경고와 함께 말입니다.

"내가 이제 세 번째 너희에게 갈 터이니 두세 증인의 입으로 말마다
확정하리라₁ 내가 이미 말하였거니와 지금 떠나 있으나 두 번째 대면

---

10) 헬라어로는 "σημεῖον(쎄메이온)"인데, 이는 성경에서 자주 "표적(signs)"으로 번역됩니다.
이 단어는 기적에만 사용되지 않고, 하나님께서 주신 가시적인 증거에도 사용됩니다. 예
를 들어, 롬 4:11에서는 '할례'를 가리키는 데 사용됩니다. 할례는 언약의 표와 인이기 때
문입니다.

하였을 때와 같이 전에 죄 지은 자들과 그 남은 모든 사람에게 미리 말하노니 내가 다시 가면 용서하지 아니하리라₂"(고후 13:1~2; 참고. 마 18:15~20)

교회의 권징(Discipline)과 강복선언(Benediction)

여러분은 바울의 이 경고를 하나님의 말씀으로 받아들이십니까? 사도 바울은 자신이 셋째 하늘에 올라간 체험을 고린도교회 성도들도 해야 한다고 가르친 적이 없습니다. 그렇다면 우리는 사도 바울과 똑같은 체험을 기대하는 대신, 그가 성령의 감동하심을 받아 기록한 성경 말씀을 따라야 하지 않겠습니까? 다행히 바울은 자신이 사도로서 체험한 사건뿐 아니라 (수신자인) 고린도교회가 할 일을 이 편지 마지막에 적어두었습니다.

"너희가 믿음에 있는가 너희 자신을 시험하고(πειράζετε, 페이라제테)¹¹
너희 자신을 확증하라(δοκιμάζετε, 도키마제테)¹²…"(고후 13:5)

이는 사도 바울이 이르기 전에 고린도교회가 **권징**을 시행하여 믿음으로 굳게 서 있다는 증거를 보이라는 뜻입니다. 사도 바울은 셋째 하늘을 체험했습니다. 고린도교회는 거짓 사도들과 그들의 추종 세력을 척결해야 합니다. 그래서 사도가 전한 거룩한 복음 위에 믿음으로 굳

---

11) '시도하다(try/attempt)', '시험하다(put someone to the test/examine)'를 뜻하는 헬라어 동사 'πειράζω(페이라조)'의 2인칭, 복수, 현재, 능동태, 명령법입니다.
12) '시험하다(test/examine)', '입증하다(prove/approve)'를 뜻하는 헬라어 동사 'δοκιμάζω(도키마조)'의 2인칭, 복수, 현재, 능동태, 명령법입니다.

게 서야 합니다.

그와 함께 사도 바울은 하나님의 약속을 전합니다.

"마지막으로 말하노니 형제들아 기뻐하라 온전케 되며 위로를 받으
며 마음을 같이하며 평안할찌어다 또 사랑과 평강의 하나님이 너희
와 함께 계시리라 거룩하게 입맞춤으로 서로 문안하라11 모든 성도가
너희에게 문안하느니라12"(고후 13:11~12)

고린도교회는 악한 자들을 권징하는 일에 주저해서는 안 됩니다. 혹
그렇게 하면 교회의 분쟁이 더 심해질까 두려워해서도 안 됩니다. 오
히려 사도 바울이 전한 복음 위에 믿음으로 굳게 설 때, 하나님께서 그
들과 함께하십니다(참고. 마 18:20).13 성도의 교제가 회복됩니다. 참된
기쁨과 위로와 평안이 넘치게 될 것입니다.

이제 바울은 이 서신 마지막에 삼위 하나님의 복을 선포합니다.

"주 예수 그리스도의 은혜와 하나님의 사랑과 성령의 교통하심
(κοινωνία, 코이노니아)이 너희 무리와 함께 있을찌어다"(고후 13:13)

*한글개역성경*과 *한글개역개정성경*의 "너희 무리와 함께 있을찌어
다"로 번역된 헬라어 어구를 직역하면, "너희 모두와 함께(μετὰ πάντων
ὑμῶν, 메타 판톤 휘몬)"입니다. 즉, 삼위 하나님의 복은 고린도교회 교인

---

13) 고후 13:11과 마 18:20은 '권징'과 '임마누엘'이 결부되어 있다는 점에서 공통점을 갖습니
다. 고린도교회가 거짓 사도들과 그 추종 세력을 정화할 때, 하나님께서 그들과 함께하십
니다(고후 13:11). 권징을 위해 교회의 치리회 – 심지어 겨우 두세 사람일지라도 – 로 모일
때, 하나님께서 그들과 함께하십니다(마 18:20).

의 일부가 아니라 전체에게 주어진 약속입니다.

그러나 이 복은 자동으로 주어지지 않습니다. 이 복은 바울의 사도 직과 그의 사역을 받아들이는 모든 자에게 주어집니다. 사도의 책망을 받아들여 권징을 시행하고 순복하는 모든 자에게 주어집니다.

반대로, 이 복은 바울의 사도직과 그의 사역을 의심하는 모든 자에게는 주어지지 않을 것입니다. 끝까지 회개하지 않고 불순종하는 모든 자에게는 주어지지 않을 것입니다. 그들에게는 그리스도의 은혜도, 하나님 아버지의 사랑도, 성령님의 교제도 주어지지 않을 것입니다.

이런 의미에서 사도 바울의 강복선언benediction은 복의 선포인 동시에 저주의 선포입니다. 성경의 다른 곳에 기록된 언약의 복과 저주 선포와 본질적으로 동일합니다(참고. 창 49:1~28; 신 27:11~26; 신 33장; 수 8:30~35).

이제 우리의 적용은 뚜렷해졌습니다. 사도가 전한 복음을 설교하며, 참된 권징이 시행되는 교회에 임마누엘과 성도의 교제가 있습니다. 삼위 하나님의 복이 흘러넘칩니다. 기쁨과 평안과 위로가 있습니다. 그러니 이제 바울과 같은 체험을 기대하는 대신, 사도의 권고와 책망을 받아 회개하십시오. 권징을 시행하는 교회가 되도록 기도하며, 이를 위해 최선을 다하십시오. 직분자를 위해 기도하며, 그들에게 순복하십시오. 같은 믿음 안에서 성도의 교제를 풍성히 누리십시오. 이런 교회, 이런 성도에게 삼위 하나님께서 복 주십니다.

1. 이제까지 고후 12:1~13을 어떻게 생각해왔는지 서로 말해봅시다.

2. 고린도교회 밖의 대적자들은 주로 누구였습니까? 사도행전 18장에 근거하여 설명해보십시오.

3. 고린도전서의 내용에 근거하여 고린도교회 안에 어떤 문제가 있었는지 나열해보십시오.

4. 고린도교회 안의 대적자들은 바울을 어떻게 비난했습니까?

5. 고린도후서의 주제와 구조, 그리고 내용을 말해보십시오.

6. 고린도후서 10장의 내용을 설명해보십시오.

7. 고린도후서 11장의 내용을 설명해보십시오.

8. 고후 12:1~13은 무엇에 대한 바울의 변증입니까? 그렇다면 오늘날의
   우리도 이런 체험을 할 수 있습니까?

9. 고린도교회가 해야 할 일을 고후 13:5에 근거하여 설명해보십시오.

10. 고린도후서의 마지막 구절인 고후 13:13의 내용을 설명해보십시오.

11. 한 걸음 더 오늘날 소위 '천국 여행'을 다녀왔다는 간증이나 서적에 대
    해 어떻게 생각해야 합니까? 한 가지 더, 문맥의 흐름을 따라 성경을
    읽는 것의 중요성에 대해서도 서로 말해봅시다.

제8장

도마와 예수님의 상처

"열두 제자 중에 하나인 디두모라 하는 도마는 예수 오셨을 때에 함께 있지 아니한지라24 다른 제자들이 그에게 이르되 우리가 주를 보았노라 하니 도마가 가로되 내가 그 손의 못자국을 보며 내 손가락을 그 못자국에 넣으며 내 손을 그 옆구리에 넣어 보지 않고는 믿지 아니하겠노라 하니라25 여드레를 지나서 제자들이 다시 집 안에 있을 때에 도마도 함께 있고 문들이 닫혔는데 예수께서 오사 가운데 서서 가라사대 너희에게 평강이 있을찌어다 하시고26 도마에게 이르시되 네 손가락을 이리 내밀어 내 손을 보고 네 손을 내밀어 내 옆구리에 넣어 보라 그리하고 믿음 없는 자가 되지 말고 믿는 자가 되라27 도마가 대답하여 가로되 나의 주시며 나의 하나님이시니이다28 예수께서 가라사대 너는 나를 본 고로 믿느냐 보지 못하고 믿는 자들은 복되도다 하시니라29 예수께서 제자들 앞에서 이 책에 기록되지 아니한 다른 표적도 많이 행하셨으나30 오직 이것을 기록함은 너희로 예수께서 하나님의 아들 그리스도이심을 믿게 하려 함이요 또 너희로 믿고 그 이름을 힘입어 생명을 얻게 하려 함이니라31"(요 20:24~31)

의심 많은 도마

"의심이 많은 도마는 예수님의 부활을 믿지 않았습니다. 그래서 예수님께로부터 보지 못하고 믿었어야 했다는 책망을 들었습니다."

여러분도 이렇게 생각하십니까? 예수님께서 부활 후 제자들에게 처음 나타나셨을 때, 도마는 그 자리에 없었습니다. 도마는 주님과 만났다는 다른 제자들의 말을 믿지 않았습니다. 이는 분명 잘못된 태도입니다. 여드레[1]가 지나 제자들이 다시 집 안에 모일 때는, 도마도 함께 있었습니다. 이때 예수님께서 다시 제자들을 찾아오십니다. 예수님께서는 도마에게 이렇게 말씀하십니다.

"… 네 손가락을 이리 내밀어 내 손을 보고 네 손을 내밀어 내 옆구리에
넣어 보라 그리하고 믿음 없는 자가 되지 말고 믿는 자가 되라"(27절)

이 구절의 마지막 말씀은 분명 예수님의 책망입니다. 도마는 예수님께 대답합니다.

"… **나의 주시며 나의 하나님이시니이다**"(28절)

도마의 이 신앙고백은 베드로의 신앙고백(마 16:16; 막 8:29; 눅 9:20), 나다나엘의 신앙고백(요 1:49)과 함께 신약성경에 기록된 (사도의) 대표적인 신앙고백 중 하나입니다.

예수님께서 나누신 두 부류

바로 다음에 이어지는 말씀은 참으로 놀랍습니다.

---

1) 예수님께서는 안식 후 첫날, 즉 주일에 부활하십니다. 26절의 "여드레를 지나서"는 일주
   일 후, 즉 그다음 주일입니다. 성경에서 '8'은 자주 부활을 상징하는 수입니다[참고. 창
   17:12(롬 4:17~22); 벧전 3:20~21]. 예수님께서 부활하신 날은 제8일입니다. 이 사실을 믿
   지 않던 도마가 부활하신 예수님을 만난 날은 두 번째 제8일입니다.

"예수께서 가라사대 너는 나를 본 고로 믿느냐 보지 못하고 믿는 자
들은 복되도다 하시니라"(29절)

이 말씀이 왜 놀랍냐고요? 우리의 예상과는 달리, 그리고 27절과는
달리, 29절은 예수님의 책망이 아니기 때문입니다. 편의상 예수님의
이 말씀을 두 문장으로 나누어 보겠습니다.

A. 너는 나를 보았기 때문에 믿었다.

ὅτι ἑώρακάς με πεπίστευκας(호티 헤오라카스 메 페피스튜카스)[2]

B. 보지 않고 믿는 자들은 복되다.

μακάριοι οἱ μὴ ἰδόντες καὶ πιστεύσαντες(마카리오이 호이 메 이돈테스 카
이 피스튜산테스)[3]

첫 번째 문장의 주어는 "너"(단수)입니다. 즉, 도마입니다. 두 번째 문

---

2) *한글개역성경*과 *한글개역개정성경*에서 의문문으로 번역되었으나, 헬라어로는 평서문으로
번역하는 것이 더 자연스럽습니다. 여기서 "보았기"와 "믿었다"는 모두 2인칭, 단수, 현재
완료, 능동태, 직설법입니다. 일반적으로 현재완료는 과거 사실의 결과가 현재까지 영향을
미치는 상태를 의미합니다.

3) *한글개역성경*과 *한글개역개정성경*에서 "보지"와 "믿는"은 모두 3인칭, 복수, 주격, 부정과
거(aorist), 능동태, 분사입니다. 바로 앞의 문장과는 주어뿐 아니라 동사의 시제 역시 다릅
니다. 헬라어에서 부정과거(aorist)는 일반적으로는 단회적인 동작을 의미합니다. 29절 하
반절의 번역 가능성은 두 가지입니다. 첫 번째 가능성은 **과거**로 번역하는 것입니다. 그러
면 "보지 않고 믿은 자들은 복되다."입니다. 두 번째 가능성은 사도들 외에 다른 사람들, 즉
이후에 일어날 일에 대한 일반적인 규칙으로 번역하는 것입니다. 그러면 "보지 않고 믿는
자들은 복되다."입니다. 필자의 견해로는 이 본문의 문맥상 두 번째가 올바른 번역입니다.
도마를 포함한 사도들과 부활의 증인들(eye-witnesses) 외의 모든 그리스도인은 예수님을
(단 한 번도) 보지 않고 (단번에) 믿는 자들이 됩니다. 이 일반적인 규칙은 바로 다음 구절
인 30~31절 - 요한복음의 주제 구절이기도 한 - 에 의해 뒷받침됩니다.

장의 주어는 "믿는 자들"(복수)입니다. 이 사람들은 도마가 아닙니다. 도마가 아닌 다른 사람들입니다. 그러나 그리스도인 중 다수는 A 문장과 B 문장의 주어를 모두 도마로 가정하여 읽습니다. 그래서 예수님께서 이런 뜻으로 하신 말씀이라고 생각합니다.

"도마야! 나를 보지 않고도 믿었어야지. 본 후에야 믿어서 되겠니?
한심하구나, 쯧쯧쯧."

혹시 여러분도 이렇게 생각하지 않습니까? 그러나 위에서 살펴본 바와 같이, 도마의 신앙고백을 받으신 바로 다음, 예수님께서는 전혀 다른 두 부류의 사람들에 대해 말씀하십니다. 첫째는 도마(너)입니다. 둘째는 보지 않고 믿는 자들입니다.

부활의 주님을 보고 믿은 사도들, 보지 않고 믿는 우리

예수님께서 도마에게 말씀하셨지만, 그 자리에는 나머지 열 명의 사도들도 함께 있었습니다. (물론 이들 중에는 사도 요한도 포함됩니다. 이후 요한은 성령의 감동하심을 받아 이 사건을 요한복음에 생생하게 기록합니다.) 29절에 기록된 예수님의 말씀은, 부활하신 그분을 보고서 믿은 사람과 보지 않고 믿는 사람을 구별합니다. 도마는 보고 믿은 사람입니다(A). 일주일 전 부활의 날에 도마보다 먼저 예수님을 만난 열 명의 사도들도 보고 믿은 사람에 속합니다(A).

그러나 어떤 사람들은 보지 않고 믿는 사람에 속합니다(B). 이 두 부류 모두 부활하신 예수님을 믿는 사람, 즉 '신자'입니다. 그렇다면 예수님께서는 왜 신자들을 이렇게 두 부류로 나누셨을까요?

이는 **사도들의 특수한 직분과 기능** 때문입니다. 여러분은 이미 앞의 1~3장에서 사도의 자격에 대해 배웠습니다. 사도는 첫째, **예수님께서 친히 불러 세우신 사람**입니다. 누구의 개입도 없이 **예수님께 직접 배운 사람**입니다. 둘째, **부활하신 예수님을 직접 만난 목격자**(증인. eye-witness)입니다.

> "이러하므로 요한의 세례로부터 우리 가운데서 올리워 가신 날까지 주 예수께서 우리 가운데 출입하실 때에21 항상 우리와 함께 다니던 사람 중에 하나를 세워 우리로 더불어 예수의 부활하심을 증거할 사람이 되게 하여야 하리라 하거늘22"(행 1:21~22).

방 안에는 도마를 포함하여 열한 명의 사도가 있습니다. 이들은 모두 부활하신 예수님과 함께 다니며 그분께 직접 배운 사람들입니다. 그러니 한 가지 조건은 이미 충족되었습니다. 그러나 다른 한 조건은 아직 완전히 충족되지 못한 상태입니다. 예수님께서 부활하신 날, 사도 중 그분을 만난 사람은 열 명뿐입니다. 배교자 가룟 유다는 자살했으며, 도마는 그 자리에 없었습니다. 일주일이 지납니다. 예수님께서는 이제 도마가 참석한 자리에 오십니다. 부활을 의심하던 도마가 자기 눈으로 보고 믿게 하십니다. 왜 그렇습니까? 도마는 사도이기 때문입니다.

오늘날 우리는 그렇지 않습니다. 우리는 사도가 아니므로 예수님을 보고 믿는 자가 아닙니다. 예수님께서는 "보지 못하고 믿는 자들"에게 복이 있다고 선포하십니다. **우리는 예수님을 보지 않고 믿어야 합니다.** 사도들이 전한 복음을 듣고 믿어야 합니다. 예수 그리스도의 복음을 전하는 **설교**를 듣고 믿어야 합니다. **성경 말씀**을 읽고 믿어야 합니다.

"그러므로 믿음은 들음에서 나며 들음은 그리스도의 말씀으로 말미암았느니라"(롬 10:17)

요한은 예수님께서 도마에게 하신 말씀 바로 다음에 이렇게 적습니다.

"예수께서 가라사대 너는 나를 본 고로 믿느냐 보지 못하고 믿는 자들은 복되도다 하시니라29 예수께서 제자들 앞에서 이 책에 기록되지 아니한 다른 표적도 많이 행하셨으나30 **오직 이것을 기록함은** 너희로 예수께서 하나님의 아들 그리스도이심을 믿게 하려 함이요 또 너희로 믿고 그 이름을 힘입어 생명을 얻게 하려 함이니라31"(29~31절)

30~31절 말씀은 요한복음 전체의 주제 구절이자 기록 목적입니다. 동시에 예수님께서 도마에게 하신 말씀 바로 다음 문맥이기도 합니다. 29절은 예수님의 말씀이며, 30~31절은 성령의 감동하심을 받은 요한의 설명입니다. 부활의 주님을 보지 못하는데도 그분을 믿을 수 있단 말입니까? 못 자국 난 그분의 손에 손가락을 넣지 않았는데도, 창 자국이 있는 그분의 옆구리에 손을 집어넣지 않았는데도 그분을 믿을 수 있단 말입니까?

네, 얼마든지 가능합니다. 그것이야말로 하나님께서 성경을 기록하여 우리에게 남기신 이유이니까요.

"오직 이것을 기록함은 너희로 예수께서 하나님의 아들 그리스도이심을 믿게 하려 함이요 또 너희로 믿고 그 이름을 힘입어 생명을 얻게 하려 함이니라"(31절)

사도들은 교회의 터를 닦아야 할 '교회 창설 직원'(엡 2:20)이므로 예수님께 직접 부르심을 받았으며, 그분께 직접 배웠습니다. 부활하신 예수님을 목격했으며, 그분과 대화를 나누었습니다. 그러나 우리는 그렇지 않습니다. 우리는 기록된 성경 말씀을 통해 믿습니다. 성경을 바르게 선포하고 가르치는 설교를 듣고 믿습니다. **구원받는 믿음은 복음 설교를 들어야 생성됩니다.** 여러분은 매 주일 공예배 중에 선포되는 설교에 얼마나 귀를 기울이고 있습니까? **구원받는 믿음은 성경 말씀을 읽고 듣고 배워야 생성됩니다.** 성경 말씀을 얼마나 사모하십니까?

"**제89문**: 말씀이 어떻게 구원에 효력 있게 됩니까?

답: 하나님의 영이 말씀을 읽는 것[4] 특히 말씀의 설교를 효력 있는 방편으로 삼아 죄인을 책망하고 회개케 하시며, 또 믿음으로 말미암아 구원에 이르도록 그들을 거룩함과 위로로 세우십니다.

제90문: 말씀을 어떻게 읽고 들어야 구원에 이르는 효력이 있습니까?

답: 말씀이 구원에 이르는 효력이 있게 되기 위해 우리는 부지런함과 준비와 기도로 말씀에 주의를 기울여야 하며, 믿음과 사랑으로 받아야 하며, 그 말씀을 우리 마음에 두고 우리의 삶에서 실천하여야 합니다."(소교리 제89~90문답)[5]

"예수를 너희가 보지 못하였으나 사랑하는도다 이제도 보지 못하나 믿고 말할 수 없는 영광스러운 즐거움으로 기뻐하니 믿음의 결국 곧

---

4) 여기서 "읽는 것"은 개인 성경읽기가 아니라 공예배 중의 '성경 봉독'을 의미합니다.
5) 소교리 제89문답은 '공예배 중의 성경 봉독과 설교'이며, 제90문답은 '회중의 자세'입니다. 이를 목사의 사역과 함께 좀 더 상세히 설명한 대교리 제155~160문답을 참고하십시오.

영혼의 구원을 받음이라₉"(벧전 1:8~9)

장차 그리스도께서는 산 자와 죽은 자를 심판하러 강림하십니다. 모든 사람이 그리스도의 심판대 앞에 나아가서 자기 생각과 말과 행동을 직고할 그 날이 틀림없이 옵니다.[6]

설교자들에게 호소합니다. 여러분이 전하는 설교가 사람을 살리기도 하고, 죽이기도 합니다. 그런데도 설교 준비를 게을리하겠습니까? 하나님께서는 미련하고 게으른 설교자들에게 반드시 핏값을 물으실 것입니다(겔 33:1~9).

자신이 그리스도인이라 생각하는 사람들에게 호소합니다. 자신이 원하는 설교가 아니라 성경대로 선포하는 설교를 사모하십시오. 그런 설교자를 사모하십시오. 설교를 경청하십시오. 설교에 순복하십시오. 헌신과 희생 없이도 신실한 설교자를 쉽게 만날 거라고 착각하지 마십시오. 여러분의 전 재산이라도 팔아 복음의 보화가 가득한 밭을 사십시오(마 13:44). 설교가 여러분을 살리기도 하고, 죽이기도 합니다. 여러분의 자녀를 살리기도 하고, 죽이기도 합니다. 목숨을 조금 더 연명하기 위해 체력을 단력하고 보약을 살 돈으로 설교를 듣기 위해 투자하십시오. 여러분의 생명은 벼락같이 떨어지는 설교의 강단에 달려 있습니다. 우레같이 폭발하는 말씀의 강단에 달려 있습니다. 천지를 진동케 하는 선지자의 외침에 달려 있습니다. 지금도 하나님과 어린양의 보좌로부터

---

6) "하나님께서는 예수 그리스도께서 의로 세상을 심판하실 날을 정하시고, 그분은 아버지께로부터 모든 권세와 심판권을 받으셨다. 그날에, 배도한 천사들이 심판을 받을 뿐 아니라, 땅 위에 생존했던 만민이 그리스도의 심판대 앞에 나아가서 그들의 생각과 말과 행동을 직고하며, 선이든 악이든 그들이 몸으로 행한 바를 따라 보응을 받을 것이다."(웨스트민스터 신앙고백서 33:1)

생명수의 강이 흘러나와 만국을 소성시킵니다(계 22:1~2). 여러분은 부활하신 어린양을 직접 만나는 대신, 설교를 듣고 믿는 자들입니다.

• 복습을 위한 질문 •

1. 29절의 의미를 어떻게 생각해왔는지 서로 말해봅시다.

2. 베드로의 신앙고백과 함께, 도마의 신앙고백(28절)과 나다나엘의 신앙고백(요 1:49)도 알고 계셨습니까? 잘 몰랐다면 그 이유가 무엇이라고 생각하십니까?

3. 예수님께서 29절에 하신 말씀을 둘로 나누어 설명해보십시오.

4. 사도들과는 달리, 부활하신 예수님을 만나거나 만지지 않고도 우리가 어떻게 그분을 믿을 수 있습니까?

5. 오늘 배운 내용과 관련하여, 매 주일 공예배 중의 성경 봉독과 설교의 중요성을 말해보십시오. 오늘 배운 내용과 관련하여, 개인 성경읽기의 중요성을 말해보십시오.

6. 한 걸음 더 설교를 얼마나 사모하고, 또 얼마나 경청하는지 자신의 현재 모습을 말해보십시오.

7. 한 걸음 더 신실한 목사를 원하는 사람은 많습니다. 그러나 신실한 설교를 듣기 위해 얼마나 희생할지, 또 어떻게 헌신할지 각오하는 분은 적습니다. 이를 위해 어떤 헌신과 희생을 하시겠습니까?

제9장

믿음과 성령의 오심

"명절 끝 날 곧 큰 날에 예수께서 서서 외쳐 가라사대 누구든지 목마르거든 내게로 와서 마시라37 나를 믿는 자는 성경에 이름과 같이 그 배에서 생수의 강이 흘러나리라 하시니38 이는 그를 믿는 자의 받을 성령을 가리켜 말씀하신 것이라 (예수께서 아직 영광을 받지 못하신 고로 성령이 아직 저희에게 계시지 아니하시더라)39"(요 7:37~39)

"성령을 받으셨나요? 예수님을 믿어도 성령을 받지 못한 사람은 능력이 없습니다. 예수님을 믿더라도 이후에 성령을 받아야 능력이 생깁니다."

한국 교회 안에는 이런 대화가 꽤 자주 오갑니다. 특히 여러 교회의 부흥회나 성령 집회, 기도원 집회에 가면 더욱더 그러합니다. 여러분은 어떻게 생각하십니까?

반석이신 예수님, 생수이신 성령님

38절의 "명절"은 '초막절'을 가리킵니다(요 7:2[1]). 초막절은 이스라엘의 연중 절기 중 마지막 절기인데, 7월 15일부터 22일까지 연속 8일간

---

1) "유대인의 명절인 초막절이 가까운지라"(요 7:2)

이어집니다(민 29:12~38; 참고. 레 23:33~43). 그러니 "명절 끝 날"은 초막절 마지막 날인 7월 22일입니다.[2] 바로 이날, 예수님께서 큰소리로 외치십니다.

> "… 누구든지 목마르거든 내게로 와서 마시라[37] 나를 믿는 자는 성경에 이름과 같이 그 배에서 생수의 강이 흘러나리라…[38]"(37~38절)

이스라엘은 광야 생활 사십 년 동안 계속 이동해야 하니 텐트에서 거주합니다. 초막절은 그 기간에 하나님께서도 텐트-성막을 통해 그들과 함께하신 것을 기념하는 절기입니다. 하나님께서는 아무것도 없는 광야에서도 그들을 돌보십니다. 안식일을 제외하고 매일 하늘에서 만나를 내려주십니다. 반석에서 물이 나오게도 하십니다. 예수님의 이 말씀은 특히 물과 관련되어 있습니다. **예수님 자신이야말로 생수가 흘러나오는 반석**이시기 때문입니다.

> "다 같은 신령한 음료를 마셨으니 이는 저희를 따르는 신령한 반석으로부터 마셨으매 그 반석은 곧 그리스도시라"(고전 10:4)

그러니 이제 목마른 자는 예수님께로 가야 합니다. 그러면 예수 그리스도라는 반석에서 생수가 나와 그를 해갈시켜 줄 것입니다. 성경 원어상으로, 37~38절에 기록된 예수님의 말씀 중 "그 배(τῆς κοιλίας αὐτοῦ, 테스 콜리아스 아우투)"는 번역하기에 따라 '예수님을 믿는 사람의

---

2) 구약 시대 이스라엘은 태음력을 따른 데다 유월절이 있는 달을 첫째 달로 삼았습니다(출 12:1~2). 그래서 이스라엘의 월력은 당시 다른 이방 민족과도, 오늘날과도 차이가 있습니다.

배'일 수도, '예수님의 배'일 수도 있습니다.[3] 그러나 필자가 보기에는 후자가 이 문맥에서 더 어울립니다. 만일 후자로 보고, 37절 후반부와 38절을 직역하면 다음과 같습니다.

"누구든지 목마르거든 내게로 와서 마셔라!
성경이 말씀한 그대로,
그의 배에서 생수의 강(들)이 흘러나올[4] 나를 믿는 자는 (내게로 와서 마셔라!)"

이를 풀어서 번역하면 다음과 같습니다.

"누구든지 목마르거든, 성경이 말씀한 그대로 생수의 강이 장차 그 배에서 흘러나올 나를 믿는 자는 내게로 와서 마셔라!"

그런데 예수님에게서 흘러나올 생수의 강은 실제 물이 아닙니다. 예수님을 믿는 모든 사람에게 주실 성령님을 가리킵니다. **성령님이 바로 생수의 강입니다.**

"이는 그를 믿는 자의 받을 성령을 가리켜 말씀하신 것이라…"(39절)

이스라엘의 광야 생활 내내 함께하신 하나님께서는, 생수이신 성령

---

3) 한글개역성경과 한글개역개정성경의 번역은 '예수님을 믿는 사람의 배'로 해석한 결과입니다.

4) 미래시제입니다. 즉, 예수님께서 큰소리로 외치신 바로 그때는 생수의 강이 아직 그분으로부터 흘러나오지 않았습니다.

님을 통해 그분의 백성과 언제나 함께하십니다.

믿은 후 성령을 받은 사도들, 믿을 때 성령을 받은 우리

그런데 39절은 아직 끝나지 않았습니다. 뒷부분이 더 있습니다.

"이는 그를 **믿는 자**[5]의 받을 성령을 가리켜 말씀하신 것이라 (예수
께서 아직 **영광**을 받지 못하신 고로 성령이 아직 저희에게 계시지
아니하시더라)"(39절)

성령을 받기 위해서는 **두 가지 조건**이 모두 충족되어야 합니다. 하
나는 **믿음**입니다. 다른 하나는 **예수님의 영광**입니다. 아래와 같이 정
리할 수 있습니다.

A. 예수님을 **믿는 사람**이 성령을 받습니다.

B. 예수님께서 **영광**을 받으신 후에야 성령을 받습니다.

과연 십자가에 달려 죽으시고 부활하신 예수님께서는 영광을 받으
십니다(참고. 요 12:23~24). 승천하여 하늘 보좌에 앉으신 예수님께서는
오순절에 생수이신 성령을 부어주십니다(행 2:1~4). 이 때문에 사도들
과 당대 사람들에게는 시간의 간격이 생깁니다. 베드로는 예수님을 하
나님의 아들 그리스도로 믿고 고백(참고. 마 16:16)했으나, 예수님께서
영광을 받으실 때까지 기다렸다가 오순절에 성령을 받습니다. 이는 사

---

5) 복수입니다. 즉 "믿는 자들"을 가리킵니다.

도들뿐 아니라 당대의 믿는 사람들도 그랬습니다. 다락방에 모인 "백이십 명"의 성도들은 이미 예수님을 믿고 있었지만, 오순절이 되어서야 성령을 받습니다.

그렇다면 오늘날 우리는 어떻습니까? 우리는 예수님께서 이미 영광을 받으신 이후에 살고 있습니다. 그래서 위에서 설명한 두 번째 조건은 이미 이루어진 상태입니다. 이제는 성령을 받기 위해 **단 하나의 조건**만이 필요합니다. '**오직 믿음**'입니다. 그래서 오순절에 사도 베드로는 이렇게 외칩니다.

> "베드로가 가로되 너희가 회개하여 각각 예수 그리스도의 이름으로
> 세례를 받고 죄 사함을 얻으라 그리하면 **성령을 선물로 받으리니**[6]₃₈
> 이 약속은 너희와 너희 자녀와 모든 먼데 사람 곧 주 우리 하나님이
> 얼마든지 부르시는 자들에게 하신 것이라 하고₃₉"(행 2:38~39)

예수님을 구주로 믿는 자는 성령님을 선물로 받습니다. 사도 바울역시 갈라디아서에서 단 하나의 조건만을 말씀합니다.

> "내가 너희에게 다만 이것을 알려 하노니 너희가 **성령을 받은 것은**
> 율법의 행위로냐 듣고 **믿음으로냐**"(갈 3:2)

---

6) *한글개역성경*에 "성령을 선물로 받으리니"로, *한글개역개정성경*에 "성령의 선물을 받으리니"로 번역된 헬라어를 직역하면, '너희가 성령의 선물을 받으리라'입니다. 여기서 '성령의 선물'을 어떻게 이해하는 것이 좋을지 학자들의 견해가 나누어집니다. 첫째는 주격적 속격으로 이해하는 것입니다. 그러면 '성령님께서 주시는 선물'이 됩니다. 둘째는 목적격적 속격으로 이해하는 것입니다. 그러면 '성령을, 즉 선물을'이 됩니다. 일반적으로 개혁주의 신학자들은 '성령'과 '선물'을 동격으로 보아 두 번째로 해석합니다. 즉, 성령 하나님 자신이 바로 승귀하신 그리스도께서 신자들에게 주시는 선물입니다.

'오직 믿음', 이것이 **성령님을 선물로 받는 유일한 조건**입니다. 그래서 예수님을 믿는 사람에게는 이미 성령이 내주하십니다. 세상 끝날까지 영원히 함께하십니다.

• 복습을 위한 질문 •

1. 본문에서의 "명절"은 어느 명절입니까? 이 명절은 무엇을 기념하는 절
   기입니까?

2. 목마른 자는 왜 이제 예수님께 가야 합니까? 구약성경, 그리고 37~38절
   의 용례를 통해 설명해보십시오.

3. 사도들이 성령을 선물로 받기 위해 충족되어야 할 두 가지 조건이 무
   엇입니까?

4. 3번 질문의 해답은 오늘날의 우리가 성령을 선물로 받기 위한 조건과
   어떤 차이가 있습니까?

5. 한 걸음 더 '제2의 성령세례'를 주장하는 사람들은 어떤 점에서 성경을
   곡해한 것입니까? 계시의 진전에 따라 성경을 읽는 것이 얼마나 중요
   한지 서로 말해봅시다.

제3부

사도적 교회

제10장

하나님과 화목 된 교회

"모든 것이 하나님께로 났나니 저가 그리스도로 말미암아 우리를 자기와 화목하게 하시고 또 우리에게 화목하게 하는 직책을 주셨으니[18] 이는 하나님께서 그리스도 안에 계시사 세상을 자기와 화목하게 하시며 저희의 죄를 저희에게 돌리지 아니하시고 화목하게 하는 말씀을 우리에게 부탁하셨느니라[19] 이러므로 우리가 그리스도를 대신하여 사신이 되어 하나님이 우리로 너희를 권면하시는 것 같이 그리스도를 대신하여 간구하노니 너희는 하나님과 화목하라[20]"(고후 5:18~20)

제1부에서 우리는 '예수 그리스도의 사도'가 어떤 조건을 갖추어야 하며, 또 어떤 직무를 수행하는 사람인지 배웠습니다. 제2부에서는 '사도들의 독특한 체험'과 그 원리가 우리에게 어떻게 적용되는지 배웠습니다. 이제부터 몇 번에 걸쳐 배울 내용은 '**사도적 교회**Apostolic Church'입니다. 이는 다음의 질문을 동반합니다.

"사도의 자격, 사도의 직무 모두 다 이해하겠어요. 그러나 사도가 어떤 사람인지 모른다고 해도 무방하지 않나요? 그걸 꼭 알 필요가 있나요?"

이는 사도 시대부터 지금까지 교회사 전체를 통틀어 특정 교회 또는 특정인이 정통 신앙을 간직하고 있는지 판가름하는 가장 중요한 질문 중 하나입니다. 이 질문은 초대교회 성도들이 베드로와 요한, 특히 바울에게 한 질문이기도 합니다.

> "난 바울이 사도인지 아닌지 아무런 관심이 없어요. 혹 아니면 어때요? 그래도 뭐 내가 신앙생활을 하는 데 무슨 지장이 있겠어요?"

고린도교회가 그랬습니다. 갈라디아 지역의 교회들도 그랬습니다. 그들 중에는 바울이 사도가 아니라고 주장하는 자들이 있었습니다. 그들은 바울이 가르치지 않은 새로운 교훈(교리)을 전했고, 이를 받아들이는 자들이 생겼습니다. 이런 자들에게 바울이 한 말을 명심하십시오.

> "그리스도의 은혜로 너희를 부르신 이를 이같이 속히 떠나 **다른 복음** 좇는 것을 내가 이상히 여기노라₆ **다른 복음**은 없나니 다만 어떤 사람들이 너희를 요란케 하여 그리스도의 복음을 변하려 함이라₇ 그러나 우리나 혹 하늘로부터 온 천사라도 우리가 너희에게 전한 복음 외에 **다른 복음**을 전하면 저주를 받을찌어다₈ 우리가 전에 말하였거니와 내가 지금 다시 말하노니 만일 누구든지 너희의 받은 것 외에 **다른 복음**을 전하면 저주를 받을찌어다₉"(갈 1:6~9)

바울은 같은 이유로 고린도후서를 기록합니다. 이 서신의 주제는 이것입니다.

'**바울은 (지극히 크다는 사도들과 동등한) 사도이다.**'(참고. 고후 12:11[1])

바울은 당시 고린도교회가 용납한 거짓 사도들에 대해 이렇게 선포합니다.

> "만일 누가 가서 우리의 전파하지 아니한 다른 예수를 전파하거나 혹 너희의 받지 아니한 다른 영을 받게 하거나 혹 너희의 받지 아니한 다른 복음을 받게 할 때에는 너희가 잘 용납하는구나[4] … 저런 사람들은 거짓 사도요 궤휼의 역군이니 자기를 그리스도의 사도로 가장하는 자들이니라[13] 이것이 이상한 일이 아니라 사단도 자기를 광명의 천사로 가장하나니[14] 그러므로 사단의 일군들도 자기를 의의 일군으로 가장하는 것이 또한 큰일이 아니라 저희의 결국은 그 행위대로 되리라[15]"(고후 11:4, 13~15)

여러분은 모든 성경이 우리에게 구원(영생)을 주는 하나님의 말씀(참고. 요 5:39)이라고 믿습니까? 갈라디아서와 고린도후서 역시 그렇지 않나요? 그런데도 바울이 사도인지 아닌지가 우리 신앙생활에 중요하지 않다고 생각할 수 있겠습니까?

참 사도에게 위임된 화목의 복음

고후 5:18~20은 사실 '예수 그리스도의 사도'가 어떤 사람인지 단적

---

1) "내가 어리석은 자가 되었으나 너희가 억지로 시킨 것이니 내가 너희에게 칭찬을 받아야 마땅하도다 내가 아무것도 아니나 지극히 큰 사도들보다 조금도 부족하지 아니하니라"(고후 12:11)

으로 설명해주는 말씀입니다. 이 본문에서 "우리"와 "너희"가 명확히 구분되어 있습니다. 이 본문에서의 "우리"는 예수 그리스도의 사도인 바울, 그리고 그의 제자이며 동역자인 디모데입니다(참고. 고후 1:1). "너희"는 고린도교회 성도들입니다. 그러나 오늘날 이 구절 안의 대명사 "우리"를 성경을 읽는 자신이라고 생각하는 바람에 원래 의미를 놓치는 사람이 많습니다. 먼저 18절을 보십시오.

> "모든 것이 하나님께로 났나니 저가 그리스도로 말미암아 우리를 자기와 화목하게 하시고(καταλλάξαντος, 카탈락싼토스) 또 우리에게 **화목하게 하는 직책**(τὴν διακονίαν τῆς καταλλαγῆς, 텐 디아코니안 테스 카탈라게스)을 주셨으니"(18절)

이 본문에서 바울은 자기가 "화목하게 하는 직책"을 받았다고 합니다. 여기서 "직책"[2]으로 번역된 헬라어 명사 "διακονία(디아코니아)"는 (어떤 직책을 맡은 자가 수행해야 할) '봉사service', '직무ministry', '도움aid/support' 등을 의미합니다. 하나님과 죄인은 서로 원수 관계입니다. 그러나 죄인인 고린도교회 성도들이 "그리스도로 말미암아" 하나님과 화목한 관계로 바뀌었습니다. 이들이 누구로부터 복음을 들어 그렇게 되었습니까? 예수 그리스도의 사도인 바울을 통해서입니다. 하나님께서 사도 바울에게 **'화목하게 하는 직무'**를 맡기셨기 때문입니다. 이제 19절을 보십시오.

"이는 하나님께서 그리스도 안에 계시사 세상을 자기와 화목하게 하

---

2) 한글개역개정성경에는 "직분"으로 번역되었습니다.

시며(καταλλάσσων, 카탈락쏜) 저희의 죄를 저희에게 돌리지 아니하시고 **화목하게 하는 말씀**(τὸν λόγον τῆς καταλλαγῆς, 톤 로곤 테스 카탈라게스)을 우리에게 부탁하셨느니라"(19절)

베드로와 요한은 할례자(유대인)에게, 바울은 이방인에게 보냄을 받았다는 차이가 있을 뿐(갈 2:8~9[3]) 모든 사도는 '화목하게 하는 직무'를 맡은 자로서 "화목하게 하는 말씀", 즉 복음을 전합니다. 그 결과, 교회가 곳곳에 세워져 말씀을 먹으며 자랍니다. 마지막으로 20절을 보십시오.

"이러므로 우리가 **그리스도를 대신하여 사신**이 되어[4] 하나님이 우리로 너희를 권면하시는 것 같이 그리스도를 대신하여 간구하노니 너희는 하나님과 화목하라(καταλλάγητε τῷ θεῷ, 카탈라게테 토 쒜오)"(20절)

사도는 예수 그리스도의 "사신(대사 ambassador/사절 envoy)"입니다. 예수 그리스도께서 직접 세워 임명하셨고, 직접 가르치셨고, 부활하여 자신을 보이신 후에 파송하셨기 때문입니다. 사도는 '예수 그리스도의 사신'이요 '대사/사절'입니다. 그러므로 **사도를 통하지 않고는 누구도 하나님과 화목하게 될 수 없습니다.** 바울이 서신 곳곳에서 자신이 사도라고 변증한 이유가 바로 이 때문입니다.

---

3) "베드로에게 역사하사 그를 할례자의 사도로 삼으신 이가 또한 내게 역사하사 나를 이방인에게 사도로 삼으셨느니라8 또 내게 주신 은혜를 알므로 기둥같이 여기는 야고보와 게바와 요한도 나와 바나바에게 교제의 악수를 하였으니 이는 우리는 이방인에게로, 저희는 할례자에게로 가게 하려 함이라9"(갈 2:8~9)

4) 한글개역성경과 한글개역개정성경에서 "사신이 되어"로 번역된 헬라어 동사 "πρεσβεύω (프레스뷰오)"는 "대사/사절이 되다(be an ambassador/envoy)"라는 뜻입니다.

"내가 자유자가 아니냐 사도가 아니냐 예수 우리 주를 보지 못하였느
냐 주 안에서 행한 나의 일이 너희가 아니냐"(고전 9:1)

"… 내가 아무것도 아니나 지극히 큰 사도들보다 조금도 부족하지 아
니하니라"(고후 12:11)

로마 천주교와 구별된 우리

예수 그리스도의 사도에게서 듣고 배우지 않으면 구원이 없습니다.
이는 로마 천주교와 우리의 공통점이지 차이점이 아닙니다. 차이점은
다른 데 있습니다. 로마 천주교는 교황이 사도의 후계자이므로 그에게
서 듣고 배우며, 그의 권위에 복종해야 한다고 주장합니다. 그러나 우
리는 이미 알고 있습니다. 사도는 '교회 창설 직분'이므로 교회의 터를
닦던 시기에만 존재했다는 것을 말입니다. 그렇다면 이제는 존재하지
않는 사도에게서 우리가 어떻게 듣고 배우는 것이 가능합니까?

가능한 두 가지 방법이 있습니다. 첫째, 사도는 없지만 **사도가 가르
친 복음**이 기록되어 있습니다. 성경입니다. 둘째, 사도는 없지만 오늘
날에도 교회 안에는 **신실한 말씀 사역자**가 있어 성경대로 설교하고 가
르치며, 성경대로 성례를 시행합니다. 그래서 개혁자들은 '**오직 성경**
Sola Scriptura'의 원리에 따라 설교와 성례를 시행하는 **교회가 사도적
교회**Apostolic Church라고 가르쳤습니다. 이런 교회에 구원이 있습니다.

"… 우리는 하나의 거룩하고 사도적인Apostolic 공교회를 믿습니다.
…"(니케아 신조)

• 복습을 위한 질문 •

1. 거짓 사도에 대하여, 바울이 갈라디아서와 고린도후서에서 선포한 내용이 무엇입니까?

2. 고린도후서의 주제가 무엇입니까? 이것이 왜 중요합니까?

3. 고후 5:18~20의 "우리"와 "너희"는 각각 누구를 가리킵니까?

4. "화목하게 하는 직분", "화목하게 하는 말씀을 우리에게 부탁", "그리스도를 대신하여 사신"이 각각 의미하는 바가 무엇입니까?

5. 한 걸음 더 16세기 개혁자들이 교황주의와 맞서 '오직 성경(Sola Scriptura)'을 내세운 이유가 무엇입니까? 또한, 그들이 참 교회의 표지로 신실한 말씀과 성례를 주장한 이유가 무엇입니까? 여러분은 이런 교회의 교인이 되기 위해 어떤 결단과 희생과 각오를 하고 있습니까?

제11장

삼위 하나님과 교제하는 교회

"태초부터 있는 생명의 말씀에 관하여는 우리가 들은 바요 눈으로 본 바요 주
목하고 우리 손으로 만진 바라₁ 이 생명이 나타내신바 된지라 이 영원한 생명을
우리가 보았고 증거하여 너희에게 전하노니 이는 아버지와 함께 계시다가 우리
에게 나타내신바 된 자니라₂ 우리가 보고 들은 바를 너희에게도 전함은 너희로
우리와 사귐이 있게 하려 함이니 우리의 사귐은 아버지와 그 아들 예수 그리스
도와 함께함이라₃"(요일 1:1~3)

'교제fellowship', '참여participation'를 의미하는 헬라어 '코이노니아
(κοινωνία)'는 우리에게도 익숙한 단어입니다. 건강한 교회는 교제가 풍
성합니다. 반대로 교제가 풍성하지 않은 교회는 건강한 상태가 아닙니
다. 교제는 기독교의 핵심 교리 중 하나입니다. 웨스트민스터 신앙고
백서 제25장이 '교회'에 대한 교리인데, 바로 다음 장이 바로 '성도의
교제'에 대한 교리입니다.[1]

---

1) 웨스트민스터 신앙고백서 제25~31장은 교회론의 논리적 순서를 따르고 있습니다. 교회
(제25장), 성도의 교제(제26장), 성례(제27장), 세례(제28장), 성찬(제29장), 교회 권징(제30
장), 대회와 공회의(제31장)이 그것입니다. 여기서 "성도의 교제"가 "성례"와 "교회 권징"보
다 앞에 위치한다는 사실이 의미심장합니다.

누구와 교제합니까?

그런데 여러분은 누구와 가장 친근한 교제를 나누고 계십니까? 웨스트민스터 신앙고백서는 성도의 교제를 다음과 같이 소개합니다.

"머리이신 그리스도와 성령으로 말미암아 믿음으로 연합하고 있는 모든 성도들은 그리스도의 은혜, 고난, 죽음, 부활과 영광 안에서 **그 분과 교제**한다. 또한 사랑으로 서로 간에도 연합하였기 때문에 서로의 은사와 은혜에도 참여함으로 **서로 교제**한다. …"(웨스트민스터 신앙고백서 26:1)

필자가 굵은 글씨로 표기한 부분을 보십시오. 우리 신앙고백서는 "그분과 교제"하는 것과 "서로 교제"하는 것을 언급합니다. 여기서 "그분"은 같은 문장의 "머리이신 그리스도"를 가리킵니다. "서로"는 앞 문장의 "모든 성도들"을 가리킵니다. 즉, **예수 그리스도와의 교제가 성도 간 교제의 출발점이자 근거**입니다. 전자가 후자를 가능하게 합니다. 에베소서의 성전 은유는 이 교제의 본질을 잘 보여줍니다.

"너희는 사도들과 선지자들의 터 위에 세우심을 입은 자라 **그리스도 예수께서 친히 모퉁이 돌이 되셨느니라**[20] **그의 안에서 건물마다 서로 연결**하여 주 안에서 성전이 되어 가고[21] 너희도 성령 안에서 하나님의 거하실 처소가 되기 위하여 예수 안에서 함께 지어져 가느니라[22]"(엡 2:20~22)

이 본문에 의하면, 교회는 사람으로 건축되는 성전입니다. 이 성전 안에는 여러 건물이 있으나, 모두 모퉁이 돌이신 예수 그리스도와 연결되어 있습니다. 그래서 여러 개의 성전이 아니라 한 성전입니다. 이 사실은 참된 교제의 원리를 보여줍니다. 교회의 머리이시며 모퉁이 돌이신 예수 그리스도와 교제해야만 다른 성도들과도 교제할 수 있습니다. 그분과 단절된 사람은 다른 성도들과 교제할 수 없습니다. 다시 말하지만, 그리스도는 성도의 교제의 근거이며 출발점입니다.

"우리"와 "너희" 사이의 교제

사도 요한이 요한일서를 기록한 목적도 이와 같습니다. 참된 교제를 위해서입니다. 교제는 그만큼 중요합니다.

> "태초부터 있는 생명의 말씀(저자 주: 예수 그리스도)에 관하여는 우리가 들은 바요 눈으로 본 바요 주목하고 우리 손으로 만진 바라₁ 이 생명이 나타내신바 된지라 이 영원한 생명을 우리가 보았고 증거하여 너희에게 전하노니 이는 아버지와 함께 계시다가 우리에게 나타내신바 된 자니라₂ 우리가 보고 들은 바를 너희에게도 전함은 너희로 우리와 **사귐**(저자 주: 코이노니아)이 있게 하려 함이니 우리의 **사귐**(저자 주: 코이노니아)은 아버지와 그 아들 예수 그리스도와 함께함이라₃"(1~3절)

이 성경 본문에서 "우리"와 "너희"가 서로 다른 사람이라는 것을 아시겠습니까? 여러분은 성경을 읽을 때, 이런 대명사가 누구를 가리키는지 생각하면서 읽으십니까? "우리"와 "너희"가 각각 누구인지는 처음부터 읽으면 쉽게 알 수 있습니다. 1절의 "태초부터 있는 생명의 말씀", 즉 "아버지와 함께 계시다가 우리에게 나타내신바 된 자"(2절)는 예수 그리스도입니다. 그러면 "우리"가 누군지 쉽게 알 수 있습니다.

① "우리"는 **예수님께로부터 직접 듣고 배운 사람**입니다(1절).

② "우리"는 **예수님을 직접 눈으로 본 사람**입니다. 그냥 멀리서 본 것이 아니라 **주목하여 살펴본**[2] **사람**입니다(1~2절)

③ "우리"는 **예수님을 손으로 만져본 사람**입니다(1절).

④ "우리"는 **예수님을 "너희"에게 증언하여 전한 사람**입니다(2~3절).

이제 "우리"가 누군지 아시겠습니까? 네, 그렇습니다. 사도를 가리킵니다.[3] 더 구체적으로는 이 서신을 기록한 사도 요한을 포함한 사도들입니다. 그러면 "너희"는 누구입니까? 교회/성도입니다. 더 구체적으로는 요한일서의 수신자들입니다. 사도 요한이 이 서신을 기록한 목적은 "우리"와 "너희"의 교제를 위해서입니다. 즉, 사도와 교회의 교제(κοινωνία, 코이노니아)를 위해서입니다.

> "우리가 보고 들은 바를 너희에게도 전함은 **너희로 우리와 사귐**(저자
> 주: 코이노니아)**이 있게 하려 함**이니…"(3절)

사도와 교회는 서로 교제해야 합니다. 이것이 왜 중요합니까?

삼위 하나님과 교제하는 사도적 교회

교회가 사도와 교제해야 하는 이유는 이렇게 해야 하나님과 교제할

---

2) *한글개역성경*에서 "주목하고"로, *한글개역개정성경*에서 "자세히 보고"로 번역된 헬라어 동사 "θεάομαι(쎄아오마이)"는 '주목하다(behold/take notice of)', '눈여겨보다/응시하다 (gaze on)'는 뜻입니다.

3) 이상의 조건을 갖춘 사람이 사도밖에 없다는 점에 대해서는 제1~5장을 참고하십시오.

수 있기 때문입니다.

"우리가 보고 들은 바를 너희에게도 전함은 너희로 우리와 사귐(저자
주:코이노니아)이 있게 하려 함이니 우리의 사귐(저자 주:코이노니아)은
아버지와 그 아들 예수 그리스도와 함께함이라"(3절)

이 말씀은 너무나도 충격적인 내용입니다. **교회(너희)는 사도(우리)와
교제해야 성부, 성자와 교제**할 수 있다는 뜻이기 때문입니다. 교회가
사도와 교제하려면 어떻게 해야 합니까? 이 말씀에 의하면 **사도(우리)
가 보고 들은 바를 교회(너희)가 믿어야 사도와 교제**할 수 있습니다.

사도와 교제한 역사 속의 참 교회

바로 이 때문에 사도는 교회론에서 매우 중요한 위치를 차지합니다.
이를 바꾸어 말해보겠습니다. 사도를 잘못 이해하는 교회는 거짓 교사
들이 전하는 거짓 복음에 쉽게 속아 넘어집니다.

예수님께 직접 배운 사람이 '사도apostles'라면, 사도에게서 배운 제
자들을 '속사도apostolic fathers'라 부릅니다. 사도 시대 다음에는 속사
도들이 교회에 참 복음을 전했습니다. 주후 2세기에는 기독교 '변증가
들Apologists'이 널리 활동했고, 그 이후에는 중세 전까지 '교부들church
fathers'의 시대가 이어졌습니다. 속사도, 변증가, 교부 중 누구도 자신
을 '사도'라 칭하지 않았습니다. '사도'는 예수님께 직접 임명받고, 직
접 가르침을 받고, 부활하신 그분을 눈으로 목격한 증인이기 때문입니
다. 속사도, 변증가, 교부들은 언제나 **'사도적 교회Apostolic Church'만이
참 교회**라고 가르쳤습니다. 그들이 말한 '사도적 교회'는 사도가 있는

교회가 아닙니다. 예수님을 보고 듣고 만진 사도들이 설교하고 가르친 복음을 계승하여 계속 전수하는 교회를 뜻합니다. 즉, 사도가 있는 교회가 아니라 '**사도들이 전한 복음**Apostolic Gospel'**을 간직하고 계승하는 교회**를 의미합니다. 로마 천주교는 교황을 사도의 후계자로 내세웁니다. 신(新)사도 운동은 오늘날에도 사도가 있다고 주장합니다. 양쪽 주장 모두 거짓 복음입니다. 우리는 '**사도 없는 사도적 교회**', 즉 '**사도적 복음을 계승하는 사도적 교회**'입니다.

"… 우리는 하나의 거룩하고 사도적인Apostolic 공교회를 믿습니다. …"(니케아 신조)

· 복습을 위한 질문 ·

1. 웨스트민스터 신앙고백서는 성도의 교제에 앞서 누구와의 교제를 먼
   저 언급합니까? 이것이 왜 중요합니까?

2. 요한일서의 기록 목적이 무엇입니까?

3. 요일 1:1~3에서 "우리"와 "너희"는 각각 누구를 가리킵니까? 그것을
   어떻게 압니까?

4. 사도와 교제하는 것이 왜 그리 중요합니까?

5. 한 걸음 더 로마 천주교와 신(新)사도 운동은 각각 자신들에게 사도 또
   는 사도의 후계자가 있다고 주장합니다. 이 주장이 왜 거짓 복음인지
   설명해보십시오. 오늘날 교회/신자가 사도와 교제하려면 구체적으로
   어떤 것이 필요한지 서로 말해보십시오.

제12장

장로들의 회(會)가 감독하는 교회

"바울이 밀레도에서 사람을 에베소로 보내어 교회 장로들을 청하니[17] … 너희는
자기를 위하여 또는 온 양떼를 위하여 삼가라 성령이 저들 가운데 너희로 감독
자를 삼고 하나님이 자기 피로 사신 교회를 치게 하셨느니라[28] 내가 떠난 후에
흉악한 이리가 너희에게 들어와서 그 양떼를 아끼지 아니하며[29] 또한 너희 중에
서도 제자들을 끌어 자기를 좇게 하려고 어그러진 말을 하는 사람들이 일어날
줄을 내가 아노니[30] 그러므로 너희가 일깨어 내가 삼 년이나 밤낮 쉬지 않고 눈
물로 각 사람을 훈계하던 것을 기억하라[31] 지금 내가 너희를 주와 및 그 은혜의
말씀께 부탁하노니 그 말씀이 너희를 능히 든든히 세우사 거룩케 하심을 입은
모든 자 가운데 기업이 있게 하시리라[32]"(행 20:17, 28~32)

사도 바울의 두 가지 사역

모든 교회가 그렇지만, 특히나 에베소교회는 바울이 깊은 애정으로
오랫동안 가르친 교회입니다. 에베소교회를 개척하기 전, 바울은 에
베소에 있는 유대인의 회당에서 석 달 동안 말씀을 전했습니다. 그러
나 유대인들이 강하게 반발하자 회당과 분리하여 에베소교회를 개척
합니다. 그리고 두란노 서원에서 무려 2년 동안 날마다 강론합니다(행
19:8~10). 아마도 매일 몇 시간씩은 강론했을 것입니다. 질은 고사하고
양만 따져도, 요즘 목사들이 한평생 설교하고 가르치는 것보다 훨씬 많
은 분량일 것입니다.

바울이 에베소에서 한 또 하나의 중요한 사역이 있습니다. 그것은 누구도 흉내조차 낼 수 없는 능력을 행한 것입니다. 신유(神癒, 병을 고침)와 축사(逐邪, 귀신을 쫓아냄)가 바로 그것입니다. 더욱 놀라운 일은 바울이 직접 가지 않고, 사람들이 그의 손수건이나 앞치마를 가져다 놓기만 해도 그런 능력이 나타났다는 점입니다(행 19:11~12).

말씀 사역과 기적을 일으키는 능력(신유와 축사). 이는 예수님께서 열두 사도를 임명하실 때 주신 능력 및 사역과 일치합니다(참고. 마 10:1~8; 막 3:13~19). 저들은 유대인에게로, 바울은 이방인에게로 보내심을 받았다는 차이가 있을 뿐입니다(참고. 마 10:5~6; 갈 2:8~9). 바울의 이 두 가지 사역은 그가 예수 그리스도의 사도임을 뒷받침하는 중요한 증거입니다.

"사도의 표 된 것은 내가 너희 가운데서 모든 참음과 표적과 기사와 능력을 행한 것이라"(고후 12:12)

유대인 대제사장[1] 스게와의 일곱 아들이 바울을 흉내 내려다 오히려 악귀 들린 자에게 제압당하여 벗은 몸으로 도망한 사건(행 19:14~16) 역시 바울이 예수 그리스도의 사도임을 반증합니다.

---

1) 한글개역성경과 한글개역개정성경에서 "제사장"이라고 번역된 헬라어 명사 "ἀρχιερέως (아르키에류스)"는 '대제사장(high priest)'이라는 뜻입니다. 배경이 에베소인 것을 감안할 때, 스게와는 실제 대제사장일 수도 있으나 대제사장 가문의 후예일 가능성도 있습니다. 중요한 것은 사도행전은 표적을 행하는 사도 바울과 이를 흉내 내다 수치를 당한 유대인 대제사장의 아들들을 대조하고 있다는 점입니다. 사도행전 곳곳에는 배교한 옛 언약 공동체(유대인)와 새 언약 공동체(교회)의 대조가 나타납니다. 이 책 3장의 각주 5)과 권기현, "그림 7. 사도행전에 나타난 두 언약 공동체", 『방언이란 무엇인가』, 203을 참고하십시오.

에베소교회의 장로들에게 맡겨진 사역

에베소를 떠나 다른 지역에서 선교하던 바울은 이제 3차 선교 사역의 마지막 행선지인 예루살렘을 향해 급히 가는 중입니다(행 20:16). 여정 상 도저히 들를 수 없어, 에베소교회 장로들을 밀레도로 부릅니다. 이 본문에서의 "장로들"은 오늘날의 (가르치는 장로인) 목사와 (다스리는) 장로 양쪽 모두를 가리킨다고 보는 것이 가장 자연스러운 해석입니다 (참고. 딤전 5:17). 바울과 에베소교회 장로들은 이제 다시는 재회하지 못할 것입니다(행 20:25, 38). 비장한 심정으로 바울은 그들에게 하나님의 말씀을 대언합니다.

> "너희(저자 주:에베소교회 장로들)는 자기를 위하여 또는 온 양떼를 위하여 삼가라 성령이 저들 가운데 너희로 감독자를 삼고 하나님이 자기 피로 사신 교회를 치게 하셨느니라[28] 내가 떠난 후에 흉악한 이리가 너희에게 들어와서 그 양떼를 아끼지 아니하며[29] 또한 너희 중에서도 제자들을 끌어 자기를 좇게 하려고 어그러진 말을 하는 사람들이 일어날 줄을 내가 아노니[30] 그러므로 너희가 일깨어 내가 삼 년이나 밤낮 쉬지 않고 눈물로 각 사람을 훈계하던 것을 기억하라[31] 지금 내가 너희를 주와 및 그 은혜의 말씀께 부탁하노니 그 말씀이 너희를 능히 든든히 세우사 거룩케 하심을 입은 모든 자 가운데 기업이 있게 하시리라[32]"(28~32절)

바울이 전한 말씀을 분석하면 다음과 같습니다.

① 장로elder/presbyter[2]는 감독overseer[3]입니다(17, 28절).

② 장로를 세우신 분은 **성령**이십니다(28절).

③ 장로는 하나님의 양무리, 즉 교회를 **돌봐야** 합니다(28절).

④ 장로는 이리(이단자)로부터 양무리를 **지켜야** 합니다(29~30절).

⑤ 장로는 사도가 전한 훈계(말씀)를 **기억해야** 합니다(31절).

⑥ 장로는 **사도가 전한 복음**(말씀)으로 교회를 건설합니다(31~32절).

⑦ 장로는 재물을 탐내지 않고 매사에 **본**이 되어야 합니다(참고. 행 20:33~35; 참고. 벧전 5:2~3).

에베소교회 장로들이 이렇게 할 때, 바울의 빈 자리를 채울 수 있습니다. 여기서 우리는 중요한 두 가지 사실을 발견합니다. 하나는 사도 바울과 장로들의 공통된 사역입니다. 그것은 **말씀으로 교회를 돌보고 지키는 사역**입니다. 다른 하나는 사도 바울과는 달리 장로들에게는 주어지지 않은 사역입니다. 그것은 **기적을 일으키는 능력**(신유와 축사)입니다. 바울은 에베소교회 장로들에게는 이 사역을 위임하거나 명령하지 않았습니다. 에베소교회 장로들뿐 아니라 다른 교회에도 마찬가지입니다. 사도행전과 바울서신 그 어디에도 장로들에게 이 사역을 명령한 적이 없습니다. 심지어 다른 사도들 역시 신약성경 어디에도 장로들에게, 또는 다른 사람들에게조차 이를 명령하지 않습니다. 왜냐하면 **후자**(기적)**는 사도들의 특수 사역, 전자**(말씀)**는 사도와 장로들의 공통된 사역**이기 때문입니다.

---

2) 헬라어로는 "πρεσβύτερος(프레스뷔테로스)"입니다.
3) 헬라어로는 "ἐπίσκοπος(에피스코포스)"입니다.

개인이 아닌 장로들의 회(會)

그런데 우리는 여기서 바울이 장로 개인이 아니라 **"너희"**[4]라고 한 것을 기억해야 합니다. 말씀으로 교회를 돌보며 악한 자로부터 교회를 지키는 사역은 목사나 장로 한 개인의 독점권이 아닙니다. 이 일은 한 사람이 아니라 여러 사람에게 함께 주어진 사역입니다. 다시 말하자면, **'장로들의 회(會)'에게 위임한 사역**입니다. 이 때문에 바울의 제자이며 목사인 디모데 역시 '장로들의 회(會)'로부터 안수를 받아 직분자가 되었습니다.

> "네 속에 있는 은사 곧 **장로의 회**[5]에서 안수 받을 때에 예언으로 말
> 미암아 받은 것을 조심 없이 말며"(딤전 4:14)

그러면 목사 한 사람뿐인 교회나 담임목사가 사임하고 (다스리는) 장로 한 사람만 있는 교회의 그 직분자에게는 독점권이 주어져 있지 않습니까? 아닙니다. 그들 역시 **노회presbytery의 일원으로, 노회의 보냄을 받아, 그리고 노회의 승인을 받아 사역**합니다.

로마 천주교는 교황 개인에게 말씀과 권징의 독점권이 주어져 있습니다. 신(新)사도 운동은 '장로들의 회(會)' 대신 오늘날에는 존재하지도 않는 자칭(自稱) 또는 타칭(他稱) 사도에게 권위를 부여합니다. 이들은 거짓 사도요 궤휼의 역군이며, 자신을 그리스도의 사도로 가장하는 자들입니다(참고. 고후 11:13). 이제 사도는 없습니다. 그 대신 우리는 **장로들의 회(會)가 감독하는 사도적 교회** 안에서 보호받고 성장합니다.

---

4) 한글개역개정성경에는 "여러분"이라고 번역되었습니다.
5) "장로의 회"에 해당하는 헬라어는 "πρεσβυτέριον(프레스뷔테리온)"입니다. 여기서 "노회 (presbytery)"라는 말이 나왔습니다.

"… 우리는 하나의 거룩하고 사도적인Apostolic 공교회를 믿습니다.
…"(니케아 신조)

・ 복습을 위한 질문 ・

1. 사도 바울이 에베소에서 한 중요한 두 가지 사역이 무엇입니까?

2. 사도 바울이 에베소교회 장로들에게 한 말을 분석해서 설명해보십시오.

3. 사도 바울의 사역 중, 에베소교회의 장로들에게도 위임된 것과 그렇지 않은 것이 각각 무엇입니까?

4. 행 20:28에서, 사도 바울이 "너희(여러분)"라고 한 말의 의미를 설명해보십시오.

5. 한 걸음 더 4번과 관련하여 교황 제도와 신(新)사도 운동은 어떤 의미에서 각각 비성경적입니까? 당회와 노회의 성경적 근거와 중요성을 말해보십시오.

제13장

출입의 질서를 지키는 교회

"어떤 사람들이 유대로부터 내려와서 형제들을 가르치되 너희가 모세의 법대로 할례를 받지 아니하면 능히 구원을 얻지 못하리라 하니₁ 바울과 바나바와 저희 사이에 적지 아니한 다툼과 변론이 일어난지라 형제들이 이 문제에 대하여 바울과 바나바와 및 그중에 몇 사람을 예루살렘에 있는 사도와 장로들에게 보내기로 작정하니라₂ 저희가 교회의 전송을 받고 베니게와 사마리아로 다녀가며 이방인들의 주께 돌아온 일을 말하여 형제들을 다 크게 기쁘게 하더라₃ 예루살렘에 이르러 교회와 사도와 장로들에게 영접을 받고 하나님이 자기들과 함께 계셔 행하신 모든 일을 말하매₄ 바리새파 중에 믿는 어떤 사람들이 일어나 말하되 이방인에게 할례 주고 모세의 율법을 지키라 명하는 것이 마땅하다 하니라₅ 사도와 장로들이 이 일을 의논하러 모여₆ … 이에 사도와 장로와 온 교회가 그중에서 사람을 택하여 바울과 바나바와 함께 안디옥으로 보내기를 가결하니 곧 형제 중에 인도자인 바사바라 하는 유다와 실라더라₂₂ 그 편에 편지를 부쳐 이르되 사도와 장로 된 형제들은 안디옥과 수리아와 길리기아에 있는 이방인 형제들에게 문안하노라₂₃ 들은즉 우리 가운데서 어떤 사람들이 우리의 시킨 것도 없이 나가서 말로 너희를 괴롭게 하고 마음을 혹하게 한다 하기로₂₄ 사람을 택하여 우리 주 예수 그리스도의 이름을 위하여 생명을 아끼지 아니하는 자인 우리의 사랑하는 바나바와 바울과 함께 너희에게 보내기를 일치 가결하였노라₂₅~₂₆"(행 15:1~6, 22~26)

"여러 성으로 다녀갈 때에 예루살렘에 있는 사도와 장로들의 작정한 규례를 저희에게 주어 지키게 하니₄ 이에 여러 교회가 믿음이 더 굳어지고 수가 날마다 더하니라₅"(행 16:4~5)

안디옥교회에 들어온 이단

어떤 사람들이 유대 땅에서 이방 지역 안디옥교회로 찾아옵니다. 그들은 놀랍게도 성경 교사를 자처하여 안디옥교회 교인들을 가르치기 시작합니다.

> "어떤 사람들이 유대로부터 내려와서 형제들을 가르치되 너희가 모세의 법대로 할례를 받지 아니하면 능히 구원을 얻지 못하리라 하니"(행 15:1)

그러나 그들의 가르침은 사도들이 전한 복음과 전혀 달랐습니다. 그들은 이방인이 대부분인 안디옥교회 성도들이 모세의 율법에 따라 할례를 받아야 구원받는다고 가르쳤습니다. 즉, 예수님을 구주로 믿더라도 구원받기 위해서는 할례가 필수적이라는 것입니다. 명백한 거짓 복음입니다.

참 복음의 전파자요 수호자인 바울과 바나바가 분연히 나서 그들과 크게 논쟁합니다.[1] 안디옥교회는 이 문제를 단독으로 처리하지 않았습니다. 바울과 바나바를 포함한 대표 몇 사람을 예루살렘에 있는 사도와 장로들에게 보냅니다.

> "바울과 바나바와 저희 사이에 적지 아니한 다툼과 변론이 일어난지라 형제들이 이 문제에 대하여 바울과 바나바와 및 그중에 몇 사람을 예루살렘에 있는 사도와 장로들에게 보내기로 작정하니라 2 저희가 교회의 전송을 받고 베니게와 사마리아로 다녀가며 이방인들의 주께

---

1) 바울과 바나바는 선교사로 파송되기 전에도 이미 안디옥교회의 대표적인 다섯 교사 중 둘이었습니다(행 13:1).

돌아온 일을 말하여 형제들을 다 크게 기쁘게 하더라₃ 예루살렘에 이
르러 교회와 사도와 장로들에게 영접을 받고 하나님이 자기들과 함
께 계셔 행하신 모든 일을 말하매₄"(행 15 : 2~4)

예루살렘교회의 사도들과 장로들은 바울과 바나바를 만나 이 문제를
논의합니다. 그 결과, 이방인 신자에게 할례를 강요하면 안 된다는 것
이 성경의 원리임을 확인합니다. 예루살렘교회와 안디옥교회 그리고
전 세계 곳곳에 있는 교회들 모두 **같은 신앙으로 하나 됨을 확인**한 것
입니다. 하나님께서는 예루살렘에 모인 사도들과 장로들 모두에게 같
은 신앙으로, 같은 마음을 품게 하셨습니다. 성경의 원리를 확인한 이
상, 사도들과 장로들은 전 세계 곳곳의 교회에게 이 회의의 결과를 알
리기로 결의합니다. 알리는 방법은 **공문서와 사절단**을 보내는 것입니
다.

"이에 사도와 장로와 온 교회가 그중에서 사람을 택하여 바울과 바
나바와 함께 안디옥으로 보내기를 가결하니 곧 형제 중에 인도자인
바사바라 하는 유다와 실라더라₂₂ 그 편에 편지를 부쳐 이르되 사도
와 장로 된 형제들은 안디옥과 수리아와 길리기아에 있는 이방인 형
제들에게 문안하노라₂₃ 들은즉 우리 가운데서 **어떤 사람들이 우리의
시킨 것도 없이 나가서 말로 너희를 괴롭게 하고 마음을 혹하게 한
다** 하기로₂₄ 사람을 택하여 우리 주 예수 그리스도의 이름을 위하여
생명을 아끼지 아니하는 자인 우리의 사랑하는 바나바와 바울과 함
께 너희에게 보내기를 일치 가결하였노라₂₅~₂₆"(행 15 : 22~26)

이 공문서에는 안디옥교회로 들어온 거짓 교사들이 예루살렘교회와

공적으로 무관하다는 점을 명시합니다. 예루살렘교회의 사도와 장로들이 파송하지도 않은 자들이 이방인 교회에 말씀을 가르치러 간 것입니다.[2]

사도 바울의 선교지에 들어온 이단

바울과 바나바를 선교사로 파송한 안디옥교회 안에도 이런 문제가 발생했다면, 선교 현지 곳곳의 교회에도 이와 비슷한 일이 발생하지 않았겠습니까? 정말 그랬습니다.

고린도교회에도 거짓 교사들이 들어옵니다. 그들은 바울은 사도가 아니며, 자신들이야말로 사도라 주장합니다. 그들은 바울이 전하지 않은 "다른 예수", "다른 영", "다른 복음"을 전하고 가르칩니다. 마치 에덴동산에서 뱀이 하와를 미혹한 것처럼, 이들도 새 아담(예수 그리스도)의 신부인 새 하와(교회)를 꼬드깁니다. 고린도교회가 검증 없이 이들을 받아들인 결과입니다.

> "뱀이 그 간계로 이와를 미혹케 한 것같이 너희 마음이 그리스도를 향하는 진실함과 깨끗함에서 떠나 부패할까 두려워하노라[3] 만일 누가 가서 우리의 전파하지 아니한 **다른 예수**를 전파하거나 혹 너희의 받지 아니한 **다른 영**을 받게 하거나 혹 너희의 받지 아니한 **다른 복음**을 받게 할 때에는 너희가 잘 용납하는구나[4] … 저런 사람들은 **거짓 사도**요 **궤휼의 역군**이니 자기를 **그리스도의 사도로 가장하는 자**

---

2) 안디옥에 온 거짓 교사들이 원래 예루살렘교회에 출석하던 자들인지는 정확히 알 수 없습니다. 중요한 것은 예루살렘교회가 이들을 파송한 적이 없다는 사실입니다. 이는 말씀 사역이 교회의 공적 결의 또는 공적 파송과 관련되어 있음을 보여줍니다.

들이니라₁₃ 이것이 이상한 일이 아니라 사단도 자기를 광명의 천사로 가장하나니₁₄ 그러므로 **사단의 일군들도** 자기를 의의 일군으로 가장하는 것이 또한 큰일이 아니라 저희의 결국은 그 행위대로 되리라₁₅"(고후 11:3~4, 13~15)

갈라디아 지역의 여러 교회[3]들도 다르지 않습니다.

"그리스도의 은혜로 너희를 부르신 이를 이같이 속히 떠나 **다른 복음** 좇는 것을 내가 이상히 여기노라₆ **다른 복음**은 없나니 다만 어떤 사람들이 너희를 요란케 하여 **그리스도의 복음을 변하려 함**이라₇"(갈 1:6~7)

데살로니가교회에도 이단이 침투합니다. 이들의 행태는 더욱더 교묘합니다. 이들 중 어떤 이는 바울이 자신들을 추천했다며 편지를 가져옵니다. 물론 바울이 쓴 적 없는 허위문서입니다. 또 어떤 이는 바울의 말이라며 대신 전합니다. 물론 바울이 한 적 없는 거짓말입니다. 또 어떤 이는 성령의 계시를 받았다면서 데살로니가교회 성도들의 마음을 뒤흔들어놓습니다. 미혹의 방법은 여러 가지이나 한 가지 공통점이 있었습니다. 예수 그리스도의 강림이 이제 곧 있으리라는 시한부 종말론입니다.

"혹 **영**으로나 혹 **말**로나 혹 **우리에게서 받았다 하는 편지**로나 주의 날이 이르렀다고 쉬 동심하거나 두려워하거나 하지 아니할 그것이

---

3) 갈라디아는 한 도시가 아니라 여러 도시를 포함한 광활한 지역입니다(참고. 갈 1:2).

라"(살후 2:2)

이런 사람들 때문에, 바울은 친필에 서명까지 한 서신을 데살로니가 교회에 보냅니다.

"나 바울은 친필로 문안하노니 이는 편지마다 표적이기로 이렇게 쓰 노라"(살후 3:17)

바울의 제자요 동역자인 디모데의 사역지에는 교인들을 가가호호(家家戶戶) 방문하여 여인들을 미혹하는 이단자들이 있었습니다.

"저희 중에 **남의 집에 가만히 들어가 어리석은 여자를 유인하는 자** 들이 있으니 그 여자는 죄를 중히 지고 여러 가지 욕심에 끌린 바 되어6 항상 배우나 마침내 진리의 지식에 이를 수 없느니라7 얀네와 얌 브레가 모세를 대적한 것 같이 저희도 진리를 대적하니 이 사람들 은 그 마음이 부패한 자요 믿음에 관하여는 버리운 자들이라8"(딤후 3:6~8)

공동서신에 나타난 가만히 들어온 이단

사도 베드로와 예수님의 형제 유다 역시 가만히 들어온 이단을 언급 합니다.

"그러나 민간에 또한 **거짓 선지자들**이 일어났었나니 이와 같이 너희 중에도 **거짓 선생들**이 있으리라 저희는 멸망케 할 **이단**을 가만히 끌

어들여 자기들을 사신 주를 부인하고 임박한 멸망을 스스로 취하는 자들이라"(벧후 2:1)

"이는 **가만히 들어온 사람 몇**이 있음이라 저희는 옛적부터 이 판결을 받기로 미리 기록된 자니 경건치 아니하여 우리 하나님의 은혜를 도리어 색욕거리로 바꾸고 홀로 하나이신 주재 곧 우리 주 예수 그리스도를 부인하는 자니라"(유 4)

사도 요한은 사도들의 파송이나 사도들이 전한 복음과 무관한 이단 순회 사역자를 언급합니다.

"**누구든지 이 교훈을 가지지 않고 너희에게 나아가거든** 그를 집에 들이지도 말고 인사도 말라₁₀ 그에게 인사하는 자는 그 악한 일에 참예하는 자임이니라₁₁"(요이 10~11)

사도적 교회 : 출입의 질서를 지키는 교회

사도가 전하는 복음을 계승하고 가르치는 교회는 **출입이 분명**합니다. **출석과 이동과 등록의 질서**를 지킵니다. 아무런 검증 없이 출석 또는 등록시키지 않습니다. 목자이신 그리스도께서는 그 어떤 흉악한 죄인이라도 그분께 나아오면 받아주십니다. 회개하는 자를 용서하십니다. 그러나 신분을 숨기고 잠입하는 자는 내쫓으십니다. 개체교회 장로들의 회(會)인 **당회**는 양무리 가운데 섞여 잠입하는 이리를 발견하여 내쫓아야 합니다(행 20:28~30). 이렇게 하면 행여나 교인 수가 줄어들지나 않을까 두려워해서는 안 됩니다. 본 교회 교인들이 출타할 때도 자의로 아무 교회에나 출석하도록 내버려 두면 안 됩니다. 그들이 출석할 교회를 지정하여 사전에 연락한 후에 교인을 보내야 합니다.

> "좁은 문으로 들어가라 멸망으로 인도하는 문은 크고 그 길이 넓어 그리로 들어가는 자가 많고13 생명으로 인도하는 문은 좁고 길이 협착하여 찾는 이가 적음이니라14 거짓 선지자들을 삼가라 양의 옷을 입고 너희에게 나아오나 속에는 노략질하는 이리라15"(마 7:13~15)

하나님께서는 출입의 질서가 있는 교회, 좁은 문을 가진 교회에 양들을 보내주십니다. 이런 교회가 사도적 교회Apostolic Church입니다.

> "… 우리는 하나의 거룩하고 사도적인Apostolic 공교회를 믿습니다. …"(니케아 신조)

• 복습을 위한 질문 •

1. 안디옥교회에 발생한 문제가 무엇입니까?

2. 유대 땅에서 안디옥교회에 들어온 거짓 교사들은 예루살렘교회와 어떤 관계가 있었습니까?

3. 사도 바울의 선교지에 가만히 들어온 이단을 언급한 여러 본문과 내용을 말해보십시오.

4. 가만히 들어온 이단을 언급한 공동서신의 여러 본문과 내용을 말해보십시오.

5. 한 걸음 더 타지로 출타할 때, 어떤 질서를 밟아야 합니까? 소속 교회를 이동할 때, 어떤 질서를 밟아야 합니까? 교회의 파송 없이 본인 혼자의 결정으로 외국에 가서 선교하는 것에 대해 어떻게 생각하십니까?

부 록

부록 1

"육체의 가시(σκόλοψ τῇ σαρκί)"는 질병인가?
– 고후 12:7에 대한 성경신학적 접근 –

※ 이 글은 2019년 6월 12~14일(수~금) '몽골장로교신학교 교수 세미나' 강의안에 포함된 논문을 일부
수정한 것입니다. 주로 한글개역성경을 사용했으며, 다른 번역본일 경우 표기했습니다.

부록 1

"육체의 가시(σκόλοψ τῇ σαρκί)"는 질병인가?
- 고후 12:7에 대한 성경신학적 접근 -

I. 서론 : 몇 가지 의문들

사도 바울은 고린도교회에게 보낸 편지 가운데 "육체의 가시(σκόλοψ τῇ σαρκί)"라는 (자신이 쓴 다른 서신들에서는 결코 찾아볼 수 없는) 매우 독특한 표현을 사용했다.

> "여러 계시를 받은 것이 지극히 크므로 너무 자고(自高)하지 않게 하
> 시려고 내 육체에 가시 곧 사단의 사자(使者)를 주셨으니 이는 나를
> 쳐서 너무 자고(自高)하지 않게 하려 하심이니라"(고후 12:7)

이 성구는 한국 교회 성도들에게 오랫동안 사랑받아왔고, 또 겸손을 주제로 한 설교의 실례로 자주 사용되고 있다. 이러한 설교의 주된 메시지는 영적 체험에 대한 겸손이다. 오늘날 한국 교회 설교자와 성도 대다수는 이 본문을 포함한 고후 12:1~13을 다음과 같이 이해하는 데 별다른 이견이 없다.

'바울은 셋째 하늘에 올라갔다는 점에서 신비한 영적 체험의 소유자

였다. 그러나 하나님께서는 그가 육체의 가시, 즉 일종의 난치병에 시달리게 하셨다. 바울이 세 번이나 간절히 기도했으나, 하나님께서는 그를 치유해주시지 않았다. 이 질병은 그를 겸손하게 하는 은혜의 수단이 되었기 때문이다. 바울은 이를 통해 자신의 신비한 영적 체험 대신, 그리스도를 더욱 자랑하게 되었다. 이 본문은 당대뿐 아니라 모든 시대의 그리스도인을 위한 모범이 된다. 그리스도인 중에는 신비한 영적 체험을 한 사람들이 있다. 그들은 자신의 체험을 함부로 떠벌려 자랑하지 말아야 한다.'

  그러나 이상의 해석은 다음의 몇 가지 문제를 안고 있다.
  첫째, 고린도후서 주제theme와 문맥context을 무시할 위험이 있다(본문의 파편화). 고린도후서 전체의 주제는 바울의 사도직에 대한 변증이다. 이 본문 역시 그것과 무관하지 않다. 그러나 위에서 소개한 해석과 적용은 이와 그렇게 깊은 상관관계가 없다.
  둘째, 교회론이 무시되고, 본문을 철저히 개인화individualism할 소지가 있다. 성경 본문을 개인에게로 적용하는 것은 잘못이 아니다. 그러나 성경은 우선적으로 공동체, 즉 교회를 위해 주신 것이다. 고린도후서 역시 마찬가지다. 본문은 단순히 개인의 신비적 체험을 어떻게 생각해야 하느냐에 대한 답변이 아니다. 고린도교회가 당면한 문제, 즉 바울의 사도직을 불신하는 중차대한 문제에 대한 변증 중 일부이다.
  셋째, 구속사의 진전 및 사도 직분의 특수성을 간과할 위험이 있다. 바울의 경험으로 보이는 이 신비한 체험은 사도들이 살아 있던 당대에 주어진 것이다. 바울은 단순히 한 그리스도인이 아니라 교회의 터(θεμέλιος)를 놓던 시기에 활동한 사도이다(고전 3:10~12; 엡 2:20; 딤후 2:19; 계 21:14). 그러나 오늘날에는 사도가 없다. 또한, 당대는 성경이 기록되고 있던 시기이다. 그러나 오늘날 우리는 정경canon이 완성된 시대에 살고 있다. 그러므로 바울의 체험을 오늘날 신자의 체험으로 연결하는 해석에는 심각한 위험이 동반된다. 다시 말하자면, 불연속성 discontinuity[1]과 연속성continuity을 혼동할 위험이다.

넷째, 무엇보다도 가장 큰 문제는 성실한 **주해**exegesis보다는 한국 교회에 널리 퍼져 있는 **자기 해석**eisegesis을 끌어와 주입할 가능성이 크다는 점이다. 본문의 앞뒤 문맥 어디에도 바울이 언급한 "육체의 가시(σκόλοψ τῇ σαρκί)"가 질병이라는 직접적인 증거가 없다.

지면의 제한으로, 이 논문에서 고후 12:1~13을 모두 주해할 수는 없다. 이 글에서는 7절의 "육체의 가시(σκόλοψ τῇ σαρκί)"가 무엇을 의미하는지 여러 증거를 통해 살펴볼 것이다.

II. 석의(Exegesis)

2.1. "육체의 가시(σκόλοψ τῇ σαρκί)"에 대한 여러 견해

한국 교회 대다수 목회자와 성도들은 바울이 언급한 "육체의 가시"가 질병이 아닐 가능성을 거의 생각하지 않을 것이다. 어떤 종류의 질병인지 사소한 견해 차이가 있을 뿐이다. 예를 들면 안질, 간질, 두통과 같은 것들이다. 그러나 사실 교회사에서는 "육체의 가시"가 무엇인지 일치된 견해가 없었다.[2]

---

1) 사도는 1세기 당대에만 존재한 특수한 직분이다. 오늘날 신자의 체험을 (당대 특별계시 중 하나인) 사도의 신비한 체험과 등치 하지 않게 주의해야 한다. 특별계시가 성경으로 완성되었기 때문이다(참고. 웨스트민스터 신앙고백서 1:1).

2) 네 번째와 여섯 번째 견해를 제외한 나머지 견해에 대해서는 J. Lightfoot, *St. Paul's Epistle to the Galatians* (New York, 1896), 186~191을 T. Y. Mullins, "Paul's Thorn in the Flesh",

첫째, 육체의 고통을 수반한 질병bodily ailment의 한 종류로 보는 견해이다. 초대교회사에서는 터툴리안Tertullian과 제롬Jerome이 이렇게 주장했다.

둘째, 육체의 정욕에 대한 유혹Carnal temptation으로 보는 견해이다. 아퀴나스Aquinas, 벨라르민Bellarmine, 코르넬리우스 아 라삐데Cornelius à Lapide, 에스티우스Estius 등 중세 신학자들이 주로 주장한다.[3]

셋째, 영적 시련Spiritual trials으로 보는 견해로 개혁자 루터Martin Luther의 주장이다. 이 견해는 뒤에 소개할 다섯 번째 견해인 크리소스톰Chrysostom의 주장에 대한 일종의 대안이다. 그러나 루터의 해석은 외부적인 박해를 제외하고, 내적, 심리적 갈등이나 연약함에 강조점을 둔다.[4]

넷째, "가시(σκόλοψ)"를 고문이나 사형을 위해 사용하는 '뾰족한 막대기'나 '말뚝stake'으로 보는 견해이다. 바울이 교만하여 공중에 붕붕 떠 있지 않도록 하나님께서 그를 끌어내려 마치 말뚝에 매달아 땅에 박아버리신 것처럼 묘사했다는 것이다. 마치 예수님께서 나무에 매달리신 것처럼 말이다.[5]

JBL 76 (1957): 300을 주로 참고했다. 라이트풋(Lightfoot)은 고후 12:7의 "육체의 가시(σκόλοψ τῇ σαρκί)"와 갈 4:13~14의 "육체의 약함(ἀσθένειαν τῆς σαρκὸς)"을 연결하여 첫 번째 견해를 지지한다. 반면, 물린스(Mullins)는 다섯 번째 견해를 견지한다.

3) 이 해석이 맞다면, 사제의 독신생활의 정당성으로 확장하여 적용할 수 있을 것이다.

4) 루터의 심적인 연약함으로의 해석에 대한 설명으로는 R. V. G. Tasker, 『고린도후서』 틴델 주석 시리즈 8, 정일오 역 (서울: CLC, 1988), 212~213을 보라.

5) 이에 대해서는 문장환, "천상의 계시와 지상의 가시", 『본문과 설교 2』 (부산: 도서출판 제이컴, 2009), 108~123을 보라. 또한 이 견해에 대한 지지로는 송영목, 『문법적 · 역사적 · 성경신학적 관점에서 본 신약주석』 (서울: 쿰란출판사, 2011), 800을 보라. 이 외에도 저자인 바레트(Barrett)가 이 견해에 동의하지는 않지만, 이 해석에 대한 소개로는 C. K. Barrett, *The Second Epistle to the Corinthians*, BNTC (London: A & C Black, 1973), 315~316을 보라.

다섯째, 바울의 대적자 또는 그런 세력으로 보는 견해이다. 초대교
회사에서는 크리소스톰Chrysostom, 에메사의 유세비우스Eusebius of
Emesa, 힐러리Hilary, 어거스틴Augustine, 몹수에스티아의 데오도르
Theodore of Mopsuestia, 데오도렛Theodoret, 포티우스Photius, 데오빌락
투스Theophylactus 등이 이를 지지한다.[6]

여섯째, 종합적인 시각이다. 칼빈Calvin은 루터의 견해와 유사하지
만, 단지 심적인 것에만 한정시키지 않았다는 점에서 차이가 있다. 그
는 위의 두 번째 견해를 매우 강하게 반대한다. 그러나 첫 번째와 다섯
번째 견해에는 가능성을 두고 소개한다. 그리고 그다음 자신의 견해를
밝히는데, 하나님께서 사도 바울을 단련하기 위한 사용하신 여러 종류
의 시련을 종합적으로 표현한 것이 "가시(또는 막대기)"라고 본다.[7]

이 외에도 (사탄의 사자인) 귀신의 괴롭힘 등과 같은 해석도 있으나, 여
기서는 생략하겠다. 이상에서 우리는 교회사 속에서도 학자들 사이에
일치된 견해가 없었음을 알 수 있다.

2.2. "육체의 가시(σκόλοψ τῇ σαρκί)"에 대한 석의

그렇다면 "육체의 가시(σκόλοψ τῇ σαρκί)"는 과연 무엇일까? 가장 좋은
방법은 성경 본문을 살피는 것이다. 이를 위해 연구의 범주를 다음의
몇 가지로 나누어 조사하려 한다.

첫째, 이 어구가 포함된 본문의 내용이다. 둘째, "육체의 가시"와 동
격인 "사단의 사자(ἄγγελος σατανᾶ)"에 대한 이해이다. 셋째, "육체의 가

---

6) 현대 신학자 중에는 타스커(Tasker)와 물린스(Mullins)가 이를 지지한다. Tasker, 「고린도후
　서」, 209~214; Mullins, "Paul's Thorn in the Flesh," 299~303을 보라.

7) John Calvin, Commentary on 2 Corinthians, 12:7. 칼빈과 같이 종합적으로 이해하는 견
　해로는 "Second Corinthians", The Reformation Study Bible, ed. by R. C. Sproul and K.
　Mathison (Orlando, FL: Ligonier Ministries, 2005), 1687을 보라.

시($\sigma\kappa\acute{o}\lambda o\psi$ $\tau\tilde{\eta}$ $\sigma\alpha\rho\kappa\acute{\iota}$)"라는 독특한 표현과 연결될 만한 성경의 증거들을 조사하는 것이다. 넷째, 가장 중요한 것인데 이상의 모든 내용이 고린도후서의 문맥context 및 줄거리plot와 어떻게 연결되는지 살피는 것이다.

이 어구가 포함된 단락(고후 12:1~10) 전체를 다루기에는 지면이 턱없이 부족하다. 이 논문은 단지 "육체의 가시"가 무엇인지에 대해서만 초점을 맞출 것이다. 그다음, "육체의 가시"가 이 단락의 내용, 더 나아가 고린도후서 전체와 어떻게 조화되는지 설명할 것이다.

2.2.1. 본문의 내용과 문법적 유의점

*한글개역성경*은 다음과 같다.

> "여러 계시를 받은 것이 지극히 크므로 너무 자고하지 않게 하시려고 내 육체에 가시 곧 사단의 사자를 주셨으니 이는 나를 쳐서 너무 자고하지 않게 하려 하심이니라"

*한글개역개정성경*은 "자고"를 좀 더 쉽게 "자만"으로 번역했을 뿐 기본적인 차이는 없다. *한글공동번역성경*은 훨씬 더 풀어서 쓴 의역을 제시한다. 이는 "육체의 가시"를 질병으로 단정한, 즉 해석에 기반한 번역이다.

> "내가 굉장한 계시를 받았다 해서 잔뜩 교만해질까 봐 하느님께서 내 몸에 가시로 찌르는 것 같은 병을 하나 주셨습니다. 그것은 사탄의 하수인으로서 나를 줄곧 괴롭혀 왔습니다. 그래서 나는 교만에 빠지지 않게 되었습니다."

영어 성경을 세 가지만 살펴보자. 흠정역KJV은 다음과 같다.

"And **lest I should be exalted above measure** through the abundance of the revelations, there was given to me a thorn in the flesh, the messenger of Satan to buffet me, **lest I should be exalted above measure.**"

흠정역을 개정한 *신흠정역*(NKJV, New King James Version)은 표현만 조금 다를 뿐 내용상의 차이는 없다.

"And **lest I should be exalted above measure** by the abundance of the revelations, a thorn in the flesh was given to me, a messenger of Satan to buffet me, **lest I be exalted above measure.**"

한글 성경에서는 찾을 수 없는 한 가지가 흠정역KJV과 신흠정역 NKJV에 나타난다. 바울이 "교만(자고, 자만)"한 것인지 아닌지 정확히 알 수 없다는 점이다. 필자가 굵은 글씨로 표시한 부분은 "내(바울)가 지나치게 높임을 받지(또는 칭송받지) 않게 하려고"라는 뜻이다. 즉, 바울이 교만해지지 않게 하는 것이 목적인지, 아니면 바울이 다른 사람들에 의해 칭송을 받지 않게 하는 것이 목적인지 이 표현만으로는 알 수 없다.

한편, 영어표준역ESV은 한글개역성경 및 한글개역개정성경과 내용상 차이가 거의 없다. 즉, 필자가 굵은 글씨로 표시한 첫 번째 어구를 번역하면, "나(바울)로 하여금 우쭐대지(자만하지) 않도록"이다.

"So **to keep me from becoming conceited** because of the surpassing greatness of the revelations, **a thorn** was given me in the flesh, a messenger of Satan to harass me, **to keep me from becoming conceited.**"

여기서 한 가지 주목할 것이 있다. 영어표준역ESV은 필자가 굵은 글씨로 표시한 두 번째 어구 "a thorn"에 관주를 넣어서 민 33:55와 겔 28:24를 참고하도록 한다. 이 두 구절은 모두 "가시"를 언급하고 있으나, 질병과 무관한 내용이다. 구약의 이 두 구절에서 "가시"는 하나님의 백성 이스라엘의 대적(또는 대적의 세력) 이다.

"너희가 만일 그 땅 거민을 너희 앞에서 몰아내지 아니하면 너희의 남겨 둔 자가 너희의 눈에 가시와 너희의 옆구리에 찌르는 것이 되어 너희 거하는 땅에서 너희를 괴롭게 할 것이요"(민 33:55)

"이스라엘 족속에게는 그 사면에서 그들을 멸시하는 자 중에 찌르는 가시와 아프게 하는 가시가 다시는 없으리니 그들이 나를 주 여호와 인 줄 알리라"(겔 28:24)

요약하자면, 흠정역KJV과 신흠정역NKJV을 읽으면 "육체의 가시"가 바울의 '교만'을 방지한 것인지, 아니면 다른 사람에 의해 '칭송받는 것'을 방지한 것인지 정확히 알 수 없다. 영어표준역ESV은 "육체의 가시"가 질병이 아닐 가능성을 관주를 통해 내포한다.

그렇다면 성경 원어는 어떨까?[8]

"καὶ τῇ ὑπερβολῇ τῶν ἀποκαλύψεων. διὸ ἵνα[9] μὴ ὑπεραίρωμαι,
ἐδόθη μοι **σκόλοψ τῇ σαρκί, ἄγγελος σατανᾶ**[10], ἵνα με κολαφίζῃ,
ἵνα μὴ ὑπεραίρωμαι."(NA 27)[11]

이를 한글로 직역하면 다음과 같다.

"그리고 계시들의 심히 큼(탁월함)으로 (인해) 내가 높임을 받지 않기
위해, 육체의 가시, 사탄의 천사가 내게 주어졌다. 이는 그가 나를 치
기 위해, 내가 높임을 받지 않게 하기 위해서이다."

이를 조금 의역해보자.

"그리고 계시들이 심히 커서 내가 높임을 받지 않게 하시려고, 내게
육체의 가시 즉 사탄의 천사가 주어졌다. 이는 그(사탄의 천사)가 나를
쳐서 내가 높임을 받지 않게 하려고 그런 것이다."

주목할 점이 두 가지 있다. 하나는 흔히 '교만하다'는 뜻으로 번역
된 동사 'ὑπεραίρω'의 용례이며, 다른 하나는 "사탄의 사자(ἄγγελος

---

8) 여기서는 사본 간의 대조를 생략한다. 상이독본(variants)이 있으나, 이 글에서 상세히 다룰
만큼 유의미하지는 않다.
9) MT 2는 "διὸ ἵνα" 보다 "ἵνα"를 더 지지한다.
10) MT 2는 "σατανᾶ" 또는 "Σατανᾶ" 보다 "Σατᾶν"를 더 지지한다.
11) 여기서도 굵은 글씨는 필자가 설명을 위해 표시한 것이다.

σατανᾶ)"[12]라는 표현이다.

첫째, 바울은 이 구절에서 '일어나다rise up/높이다exalt'라는 뜻을 가진 동사 'ὑπεραίρω'의 1인칭 단수 현재 수동태 가정법인 'ὑπεραίρωμαι'를 반복하여 사용한다. 이 동사는 원형보다는 디포넌트deponent인 'ὑπεραίρωμαι'가 더 자주 사용되어 능동태의 뜻과 함께 '자신을 높이다exalt oneself/우쭐대다be elated'라는 뜻을 함께 지닌다.[13]

이 동사는 신약성경에서 단 두 구절에서 세 번 등장한다. 두 번은 이 구절(고후 12:7)에서 수동태로 사용되었고, 나머지 한 번은 살후 2:4에 나타난다.

> "저는 대적하는 자라 범사에 일컫는 하나님이나 숭배함을 받는 자 **위에 뛰어나 자존하여(ὑπεραιρόμενος)**[14] 하나님 성전에 앉아 자기를 보여 하나님이라 하느니라"(살후 2:4, 한글개역성경)

여기서는 (남성, 단수, 주격, 현재분사) 디포넌트이다. 즉, 재귀태로서 자신을 높이는 행위이므로 '교만하다'의 뜻이 된다.

그러나 살후 2:4와는 달리, 고후 12:7에서는 이 동사가 수동태이다. '교만하다'라는 뜻일 수도 있으나, '(다른 사람들에 의해) 높아지다/칭송받다'라는 뜻일 수도 있다. 신약성경에는 이 단어가 단 두 구절에서 세 번밖에 등장하지 않기 때문에 이 둘 중 하나로 섣불리 단정하기 어렵다.

---

12) "사탄의 사자(ἄγγελος σατανᾶ)"에 대해서는 이 소논문 "2.2.2. '사탄의 사자(ἄγγελος σατανᾶ)'의 성경적 용례"를 보라.

13) W. Bauer, *GLNT*, 1031.

14) 필자가 굵은 글씨로 표시한 부분을 한글개역개정성경은 "그 위에 자기를 높이고"로, 한글공동번역성경은 "자기 자신을 그보다도 더 높이 올려놓을 것입니다."로 번역했다.

그런데 칠십인역(이하 LXX)[15]에서는 이 단어가 여섯 구절에 나타난다. 구약성경에서 4회[대하 32:23; 시 37:5(한글개역성경 시 38:4); 71:16 (한글개역성경 72:16); 잠 31:29], 구약 외경에서 2회(집회서 48:13; 마카비하 5:23) 사용되었다.

구약 외경의 용례를 먼저 살펴보면, 마카비하 5:23에서는 디포넌트 (ὑπερήρετο)[16]로 사용되었다. 여기서는 내용이 길어 아래의 한글 번역본 에 굵은 글씨("다른 누구보다도 ~ 더")로 표시했다. 여기서 이 동사는 자신 을 높이는 행위를 보여준다.

> "(저자 주:안티오쿠스가) 그리심산에는 안드로니쿠스를 임명하였다. 이
> 두 사람 외에도 메넬라오스를 임명하였는데 그는 **다른 누구보다도**
> 자기 동족을 **더** 포악하게 다스리던 자였다. 유다인들에 대한 적개심
> 이 골수에 사무친 안티오쿠스는"(한글공동번역성경)

집회서 48:13에서는 능동태로서 "높이다"는 뜻으로 사용되었다.

> "πᾶς λόγος οὐχ ὑπερῆρεν[17] αὐτόν καὶ ἐν κοιμήσει ἐπροφήτευσεν
> τὸ σῶμα αὐτοῦ"[18]

> 직역: "모든 말씀이 그(저자 주:엘리사 자신)를 **높이지** 않았으며, 잠든
> 가운데서도(저자 주:죽은 상태에서도) 그의 몸이 예언했다."

---

15) 필자는 이 소논문에서 Bibleworks 9에 있는 *LXX Septuaginta Rahlfs*'의 본문을 참고했다.
16) 3인칭, 단수, 디포넌트, 미완료, 직설법이다.
17) 3인칭, 단수, 부정과거(aorist), 능동태, 직설법이다.
18) 한글공동번역성경은 이 구절을 다음과 같이 번역했다.
   "그에게는 어려운 일이란 하나도 없었고, 무덤 속에서도 예언자로서의 직분을 다하였다."

이제 구약성경의 네 구절을 살펴보자. 먼저 시 37:5(한글개역성경 시 38:4)에서 이 동사는 디포넌트로 사용되었는데, 자신을 높이는 재귀의 뜻을 나타낸다.

"ὅτι αἱ ἀνομίαι μου ὑπερῆραν[19] τὴν κεφαλήν μου ὡσεὶ φορτίον βαρὺ ἐβαρύνθησαν ἐπ᾽ ἐμέ"

직역: "나의 죄악들이 마치 무거운 짐처럼 내 머리**보다 더 위에 있어 서**(저자 주: 죄악들이 스스로를 머리보다 더 높여서) 내 위에서 무겁게 짓누릅니다."[20]

잠 31:29에서는 능동태이지만, 재귀의 뜻으로 사용되었다.

"πολλαὶ θυγατέρες ἐκτήσαντο πλοῦτον πολλαὶ ἐποίησαν δυνατά σὺ δὲ ὑπέρκεισαι[21] καὶ ὑπερῆρας πάσας"

직역: "많은 딸들이 부를 얻었고, 많은 여자들이 능력 있게 일했다오. 그러나 그대는 모든 여자들 위에 있고, 그들 모두**보다 뛰어나오**(저자 주: 그대 자신을 높였소)."

시 71:16(한글개역성경 72:16)에서는 수동태로 사용되었다. 이 구절이 길어 필요한 부분만 발췌하면 다음과 같다.

---

19) 3인칭, 복수, 부정과거, 능동태, 직설법이다.
20) 한글개역성경은 이 구절을 다음과 같이 번역했다.
21) 2인칭, 단수, 부정과거(aorist), 능동태, 직설법이다.

"ὑπεραρθήσεται²² ὑπὲρ τὸν Λίβανον ὁ καρπὸς αὐτοῦ"

직역: "그의 열매가 레바논 위에 올려질 것이다(저자 주: 열매가 무르익을 것이다)."²³

LXX가 히브리어 성경을 의역하긴 했으나, 수동태의 의미로 사용했다고 볼 수 있다. 그러나 이 부분의 번역을 "그의 열매가 레바논 위에서 우쭐대며 (그 자신을) 흔들 것이다."로 번역할 수도 있으므로 재귀적 의미의 가능성이 없는 것은 아니다. 하지만 수동태의 의미가 더 잘 어울린다. 즉, 열매 스스로의 힘이 아니라 제삼자(하나님)에 의해 열매가 무르익을 것을 약속하는 것 같다.

마지막 한 구절은 대하 32:23인데, 여기서도 수동태로 사용되었다. 이 구절도 필요한 부분만 발췌하면 다음과 같다.

"ὑπερήρθη²⁴ κατ᾽ ὀφθαλμοὺς πάντων τῶν ἐθνῶν μετὰ ταῦτα"

직역: "이후로 그(저자 주: 히스기야)가 (이방) 족속들의 모든 눈들에 **높아졌더라**(저자 주: 칭송을 받았더라)."

여기서도 두 가지 가능성이 있다. 히스기야가 그 자신의 명성을 열방들 앞에 높였다는 재귀의 뜻일 수도 있다. 그러나 수동태 그대로 이

---

22) 3인칭, 단수, 미래, 수동태, 직설법이다.
23) *한글개역성경*은 이 부분을 다음과 같이 번역했다.
  "그 열매가 레바논같이 흔들리며"
24) 3인칭, 단수, 부정과거(aorist), 수동태, 직설법이다.

해하는 편이 더 잘 어울린다. 즉, 여호와께서 앗수르 왕 산헤립의 침공으로부터 히스기야와 유다 왕국을 구원하신(대하 32:22) 결과로 히스기야의 명성이 (여호와 하나님에 의해) 높아지게 되었다(수동태).

이상으로 신약성경과 *LXX*에 등장하는 헬라어 동사 'ὑπεραίρω'의 용례를 살펴보았다. 이 동사의 디포넌트는 재귀의 뜻을 나타낸다. 즉, '자신을 높이다'는 뜻으로 '교만'을 의미할 수도 있고, 단순히 '자신을 높이는' 행위 자체를 의미할 수도 있다. 이 동사의 수동태는 대체로 '(다른 인격체에 의해) 높임을 받다'라는 뜻이다.

그러나 신약성경에서의 3번, *LXX* 구약성경과 구약 외경에서의 6번, 이렇게 고작 9번의 표본으로 모든 것을 단정하기는 이르다. 그러나 적어도 이것만은 분명하다. 이 동사가 수동태로 두 번이나 반복하여 사용된 고후 12:7의 내용을 바울의 '교만'으로 성급하게 단정할 수는 없다는 사실이다. 오히려 이 동사의 용례는 바울이 제삼자에 의해 높임(또는 칭송)을 받는 것을 의미할 가능성이 좀 더 크다.

2.2.2. "사탄의 사자(ἄγγελος σατανᾶ)"의 성경적 용례

두 번째로 살펴볼 내용은 바울이 직면한 "육체의 가시"와 동격으로 사용되고 있는 "사탄의 사자(ἄγγελος σατανᾶ)"이다.

"καὶ τῇ ὑπερβολῇ τῶν ἀποκαλύψεων. διὸ ἵνα μὴ ὑπεραίρωμαι, ἐδόθη μοι σκόλοψ τῇ σαρκί, ἄγγελος σατανᾶ, ἵνα με κολαφίζῃ, ἵνα μὴ ὑπεραίρωμαι."(*NA 27*)

7절에서 "육체의 가시"와 "사탄의 사자"와의 관계를 보여주는 어구

(저자 주:굵은 글씨)만 직역하면 다음과 같다.

> "육체의 가시, 사탄의 천사가 내게 주어졌다.
> 그가 나를 치기 위해,
> 내가 높임을 받지 않게 하기 위해."

"사탄의 사자"가 공격한 결과로 바울에게 "육체의 가시"가 생겼을 수도 있다. 만일 그렇다면 "사탄의 사자"는 원인, "육체의 가시"는 결과가 될 것이다. 그러나 이 둘을 동격으로 보는 것이 헬라어의 흐름으로는 더 자연스럽다. "육체의 가시"가 곧 "사탄의 사자"이다.[25] 그러나 학자들은 "육체의 가시"에 비해 "사탄의 사자"의 성경적 용례에는 깊은 관심이 없다.

핵심적인 질문은 성경에서 'ἄγγελος'가 사용되는 용례이다. 이 단어가 비(非)인격체를 가리키는 데 사용되는가?

바울서신에서 이 단어는 총 14회 사용되었다.[26] 바울은 이 단어를 언제나 일관성 있게 사용한다. 긍정적이든 부정적이든 이 단어는 인격체를 가리키는 데 사용되었다. 하늘의 영적 존재인 천사heavenly spiritual angel 아니면 인간 사자(使者, human messenger)이다.

롬 8:38; 고전 4:9; 6:3; 13:1; 고후 11:14; 12:7; 갈 1:8; 골 2:18 에서는 부정적인 의미로 사용되었다. 천사들조차 구원받은 백성을 정죄하지 못한다(롬 8:38). 사도 바울은 천사들과 사람들에게 구경거리가

---

25) "In the first place, σκόλοψ τῇ σαρκί is immediately thereafter characterized as ἄγγελος σατανᾶ." Mullins, "Paul's Thorn in the Flesh", 301.

26) D. G. Reid, "Angel", DPL, 20. 롬 8:38; 고전 4:9; 6:3; 11:10; 13:1; 고후 11:14; 12:7; 갈 1:8; 3:19; 4:14; 골 2:18; 살후 1:7; 딤전 3:16; 5:21을 보라.

되었으나(고전 4:9), 오히려 천사들을 심판하는 권세를 가지고 있다(고전 6:3). 천사들의 말(방언)을 할지라도 사랑이 없으면 아무런 소용이 없다(고전 13:1). 골로새교회는 천사들을 숭배하는 이단의 위협 가운데 있다(골 2:18). 하늘에서 온 천사라도 사도 바울이 전한 것과 다른 복음을 전하면 저주를 받는다(갈 1:8). 특히 고후 11:14와 12:7에서는 사탄과 직접 관련 있다. 사탄은 "빛의 천사(ἄγγελον φωτός)"로 자신을 가장한다(고후 11:14). 그리고 바울을 공격한 자는 "사탄의 천사(ἄγγελος σατανᾶ)"이다(고후 12:7). 고린도교회에 보낸 두 번의 서신에서 "천사(ἄγγελος)"가 부정적인 의미로 다섯 번, 긍정적 의미로는 단, 한 번만 긍정적 의미로 사용되었다는 점이 주목할 만하다. 여자들은 "천사들로 인해" 권세 아래 있는 표를 자신의 머리 위에 두어야 한다(고전 11:10[27]). 악한 천사들과는 대조적으로, 갈라디아 지역의 교회들은 사도 바울을 "하나님의 천사"와 같이 또는 그리스도 예수와 같이 대했다(갈 4:14). 천사들은 옛 언약 시대에 중보의 직무를 수행했다(갈 3:19). 주 예수님께서는 강림 때 "능력의 천사들"을 대동하실 것이다(살후 1:7). 바울은 "택하심을 입은 천사들 앞에서" 엄히 명한다(딤전 5:21). "천사들"은 예수님의 부활의 증인들이기도 하다(딤전 3:16[28]).

이상의 14회 중, 고후 12:7에서만 질병을 뜻한다고 할 수 있을까? 그럴 가능성은 매우 희박해 보인다. 물론 "사탄의 천사"가 바울을 괴롭힌 방법이나 결과가 "육체의 가시"라고 말함으로써 이 난관을 통과할 수 있다. 그러나 앞서 언급한 바와 같이, 이 문장은 "육체의 가시"와

---

27) 이 본문의 "천사들"은 고전 14:34~35와 관련하여 고린도교회 직분자들을 가리킬 가능성이 있다. 즉, 여자들이 직분자들의 권위에 복종하는 것과 관련하여 이러한 표현을 사용했을 가능성이 있다. 요한계시록 2~3장에서도 당시 (소)아시아에 있던 일곱 교회의 목회자들을 가리켜 "천사"라 표현한 것으로 보인다.

28) 이 본문에서의 "천사들"이 (사도들을 포함한) 인간 '사자(使者)들'일 가능성을 무시할 수 없다.

"사탄의 천사"를 동격으로 보는 것이 좀 더 자연스럽다.

이뿐 아니다. 복음서[29], 사도행전과 공동서신, 그리고 계시록[30]에서도 'ἄγγελος'는 언제나 인격체(하늘의 영적 천사 또는 인간 사자)이다. 사실 구약성경에서조차 다른 실례를 찾기란 쉽지 않다.[31]

이상의 내용은 바울이 "사탄의 사자(ἄγγελος σατανᾶ)"와 동격으로 표현한 "육체의 가시(σκόλοψ τῇ σαρκί)"가 질병이나 다른 것을 가리키기보다는 인격을 가진 어떤 대상을 의미할 가능성을 강하게 뒷받침한다.[32]

2.2.3. "육체의 가시(σκόλοψ τῇ σαρκί)"의 성경적 용례

성경의 다른 구절에는 "육체의 가시(σκόλοψ τῇ σαρκί)"라는 표현이 나타나지 않는다. 무엇보다도 헬라어 명사 'σκόλοψ'는 신약성경 전체에서 고후 12:7 한 곳에만 등장한다. 그러나 두 가지 실마리가 있다. 하나는 LXX를 참고하는 것이다. 이보다 더 중요한 다른 하나는 (같은 단어를 사용하지 않았더라도) 성경 전체에서 이와 유사한 주제가 발견된다는 점이다.

먼저 LXX에는 구약 3구절과 외경 1구절, 총 4구절에 이 표현이 나타난다. 그중 외경 집회서 43:19[33]는 단순히 날카로운 대상을 의미하

---

29) 복음서의 'ἄγγελος'의 용례에 대해서는 M. J. Davidson, "Angels", in DJG, 8~11을 참고하라.

30) 사도행전, 공동서신, 계시록의 'ἄγγελος'의 용례에 대해서는 S. F. Noll, "Angels", in DLNTD, 44~47을 참고하라.

31) 성경 전체에 나타난 '천사'의 용례에 대해서는 L. Ryken, J. C. Wilhoit and T. Longman III ed. by, Dictionary of Biblical Imagery (Leicester: IVP, 1998), 23~24를 참고하라.

32) "Admittedly, Paul could here be personifying an ailment as ἄγγελος σατανᾶ; However, I find no other place where Paul uses ἄγγελος to refer to anything but a personal entity." Mullins, "Paul's Thorn in the Flesh", 301.

33) "주님께서는 이슬을 소금처럼 땅에 내리시고 그것이 얼면 날카로운 가시와 같은 서리가 되게 한다."(집회서 43:19, 한글공동번역성경)

고 있으므로 이 글에서는 언급하지 않겠다.

① 호 2:6(*LXX* Hosea 2:8)

"그러므로 내가 **가시(σκόλοψιν**[34]**)**로 그 길을 막으며 담을 쌓아 저로
그 길을 찾지 못하게 하리니"

여기서 "σκόλοψ"는 가시 덤불thorny bush의 일종인 식물("오이풀
(burnet)"의 한 종류)을 가리키는 히브리 명사 'סִירָה'을 번역한 것으로 은유
적으로 '미늘barb/갈고리hook' 등을 의미한다. 이스라엘 백성들의 바알
숭배와 죄악으로 인해 하나님께서 그들에게 장애물을 두시겠다는 예
언이다. 이 말씀은 후에 이스라엘에 이방 족속(앗수르)이 침공하여 포로
로 잡혀감으로써 성취되었다.

② 겔 28:24

"이스라엘 족속에게는 그 사면에서 그들을 멸시하는 자 중에 찌르는
가시(ἄκανθα)와 아프게 하는 **가시(ἄκανθα)**가 다시는 없으리니 그들이
나를 주 여호와인줄 알리라"

여기서 "σκόλοψ"는 '가시thorn'를 뜻하는 히브리 명사 'סִלּוֹן'[35]을 번역
한 것이다. 그리고 히브리 단어 'קִיץ'를 번역한 "ἄκανθα"는 가시가 많

---

34) 'σκόλοψ'의 남성. 복수. 여격이다.
35) 이 히브리 명사는 겔 28:24 외에는 겔 2:6에만 등장하는데, 상당히 일관성 있는 은유를
담고 있다는 점에서 의미심장하다.
  "인자야 너는 비록 가시와 찔레와 함께 처하며 전갈 가운데 거할찌라도 그들을 두려워 말
  고 그 말을 두려워 말찌어다 그들은 패역한 족속이라도 그 말을 두려워 말며 그 얼굴을
  무서워 말찌어다"(겔 2:6)

이 달린 식물thorny plant의 한 종류인데, 마 13:7의 "가시떨기"와 마 27:29의 (예수님이 쓴 면류관 재료인) "가시"를 표현한 바로 그 단어이다. 겔 28:24의 "가시"가 이스라엘 백성들을 괴롭히는 대적들을 가리킨다는 점에 주목해야 한다. 이와 유사한 내용을 담고 있는 겔 2:6 역시 동일하다. 선지자 에스겔의 대적들을 가리키는데, "가시"와 "찔레"라는 은유적 표현을 사용한다(참고. 각주 35).

③ 민 33:55(한글개역성경)

"너희가 만일 그 땅 거민을 너희 앞에서 몰아내지 아니하면 너희의 남겨 둔 자가 너희의 눈에 **가시(σκόλοπες[36])** 와 너희의 옆구리에 **찌르는 것(βολίδες[37])** 이 되어 너희 거하는 땅에서 너희를 괴롭게 할 것이요"

여기서 "σκόλοψ"는 '가시thorn/날카로운 조각splinter'을 뜻하는 히브리 명사 'שֵׂךְ'을 번역한 것이다. 그리고 'βολίς'의 복수형도 '가시thorn'를 뜻하는 히브리 복수 명사 'צְנִינִם'[38]을 번역한 것이다. 여기서 "가시"와 "찌르는 것"은 가나안 거민을 가리키는 표현이다. 즉, 인격을 가진 대상을 은유적으로 묘사하고 있다.

이상의 내용에서 알 수 있는 것이 몇 가지 있다. 첫째, *LXX*는 '가시thorn'를 뜻하는 여러 히브리 단어들을 기계적으로 'σκόλοψ'로 번역하지 않았으며, 그 대신 여러 단어를 폭넓게 사용하여 번역했다. 둘째,

---

36) 'σκόλοψ'의 남성, 복수, 주격이다.
37) '날리는 무기/화살/던지는 창(missile/arrow/javelin)' 등 날카로운 것을 가리키는 명사 'βολίς'의 여성, 복수, 주격이다.
38) 'צְנִינִם'은 구약성경에서 민 33:55와 수 23:13에만 등장하는데, 이 두 구절이 거의 같은 교훈과 내용을 담고 있다는 점에서 의미심장하다.

LXX가 'σκόλοψ'로 번역한 구약성경 본문에서 '가시thorn'는 하나님의 백성을 대적하는 자들을 가리키는 은유적 표현이다.

그렇다면 성경은 LXX와 마찬가지로 히브리어 구약성경과 헬라어 신약성경에서도 'σκόλοψ'뿐 아니라 이와 유사한 뜻을 가진 히브리, 헬라어 단어들을 사용하여 '가시thorn'를 이런 용례로 표현하지는 않을까? 아니나 다를까 성경 전체에 걸쳐 이런 용례가 발견된다.

하나님께서는 아담의 노동과 그 결과로 얻는 기쁨을 방해하는 "가시덤불과 엉겅퀴"를 허용하신다.

> "아담에게 이르시되 네가 네 아내의 말을 듣고 내가 너더러 먹지 말
> 라 한 나무 실과를 먹었은즉 땅은 너로 인하여 저주를 받고 너는 종
> 신토록 수고하여야 그 소산을 먹으리라17 땅이 네게 **가시덤불과 엉**
> **겅퀴**를 낼 것이라 너의 먹을 것은 밭의 채소인즉18 네가 얼굴에 땀이
> 흘러야 식물을 먹고 필경은 흙으로 돌아가리니 그 속에서 네가 취함
> 을 입었음이라 너는 흙이니 흙으로 돌아갈 것이니라 하시니라19"(창
> 3:17~19)

창세기의 이 본문은 그 자체로도 이제까지 우리가 살펴온 흐름과 일맥상통한다. 게다가 히브리서는 창 3:17~19의 "가시와 엉겅퀴" 은유를 가져온다.

> "한번 비췸을 얻고 하늘의 은사를 맛보고 성령에 참예한바 되고4 하
> 나님의 선한 말씀과 내세의 능력을 맛보고5 타락한 자들은 다시 새롭
> 게 하여 회개케 할 수 없나니 이는 자기가 하나님의 아들을 다시 십
> 자가에 못박아 현저히 욕을 보임이라6 땅이 그 위에 자주 내리는 비

를 흡수하여 밭가는 자들의 쓰기에 합당한 채소를 내면 하나님께 복을 받고₇ 만일 **가시와 엉겅퀴**를 내면 버림을 당하고 저주함에 가까와 그 마지막은 불사름이 되리라₈"(히 6:4~8)

히 6:8에서 "가시와 엉겅퀴"는 단순히 식물이 아니라 교회의 대적이다. 새 언약 시대가 왔는데도 옛 언약 시스템으로 회귀한 이단자들 또는 그들을 따라 배교한 자들이다. 이들은 한때 새 언약 공동체(교회)의 회원이었던 자들이다. [39]

각주 38)에서 언급한 바와 같이, 수 23:13 역시 같은 맥락이다.

"정녕히 알라 너희 하나님 여호와께서 이 민족들을 너희 목전에서 다시는 쫓아내지 아니하시리니 그들이 너희에게 **올무**가 되며 **덫**이 되며 너희 옆구리에 **채찍**이 되며 너희 눈에 **가시**가 되어서 너희가 필경은 너희 하나님 여호와께서 너희에게 주신 이 아름다운 땅에서 멸절하리라"(수 23:13)

여기서는 "올무(פַּח)", "덫(מוֹקֵשׁ)", "채찍(שֹׁטֵט)", "가시(צְנִינִים)"라는 네 가지 서로 다른 단어가 사용되고 있다. 단어만 다를 뿐, 이 모두는 하나의 과녁을 향하는 반복된 표현이다. 이 모두는 단 하나의 대상, 즉 가나안 거민을 가리킨다(참고. 민 33:55; 삿 2:3). 이스라엘의 대적 가나안

---

39) 히브리서 기자가 구약성경을 이런 방식으로 사용할 수 있었던 이유는 아담과 하와에게 있어서 그들의 진로를 가로막는 "가시덤불과 엉겅퀴"(창 3:18)가 이 부부 사이에 태어난 아들 가인(과 그의 후손들)을 암시하기 때문일 것이다. 히브리서 뒷부분(12:15~17)에는 교회 안에 일정 기간 머물다 배교한 자의 실례로 에서를 언급하는데, 가인과 에서의 공통점은 원래 언약 공동체의 일원이었으나 배교했다는 점이다. 이는 히브리서 독자에게 있어서 매우 적실한 구약 사용이었을 것이다.

거민이 "올무"와 "덫"이며, 옆구리의 "채찍"과 눈의 "가시"이다.

사사기 9장에는 기드온의 아들 요담이 사람들을 모아 나무 우화를 말하는데, 여기서 "가시나무"는 기드온의 첩이 낳은 자식으로서 이스라엘의 왕이 된 아비멜렉을 가리킨다. 즉, 이스라엘의 대적이다.

> "이에 모든 나무가 **가시나무**에게 이르되 너는 와서 우리의 왕이 되라 하매14 **가시나무**가 나무들에게 이르되 너희가 참으로 내게 기름을 부어 너희 왕을 삼겠거든 와서 내 그늘에 피하라 그리하지 아니하면 불이 **가시나무**에서 나와서 레바논의 백향목을 사를 것이니라 하였느니라15 이제 너희가 아비멜렉을 세워 왕을 삼았으니 너희 행한 것이 과연 진실하고 의로우냐 이것이 여룹바알과 그 집을 선대함이냐 이것이 그 행한 대로 그에게 보답함이냐16"(삿 9:14~16)

다윗은 메시아인 자신의 대적이자 이스라엘의 대적을 가리켜 "가시나무"라고 은유적으로 노래한다.

> "그러나 사악한 자는 다 내어 버리울 **가시나무** 같으니 이는 손으로 잡을 수 없음이로다6 그것들을 만지는 자는 철과 창자루를 가져야 하리니 그것들이 당장에 불사르이리로다 하니라7"(삼하 23:6~7)

다윗과 마찬가지로, 시편 118편의 (다윗 자신일 가능성이 있는) 시인은 메시아의 대적을 불에 소멸되는 "가시덤불"로 표현한다.

> "저희가 벌과 같이 나를 에워쌌으나 **가시덤불**의 불같이 소멸되었나니 내가 여호와의 이름으로 저희를 끊으리로다"(시 118:12)

예수님께서는 거짓 선지자들을 가리켜 "이리", 그리고 "가시나무"와 "엉겅퀴"로 묘사하신다.

> "거짓 선지자들을 삼가라 양의 옷을 입고 너희에게 나아오나 속에는 노략질하는 **이리**라₁₅ 그의 열매로 그들을 알찌니 **가시나무**에서 포도를, 또는 **엉겅퀴**에서 무화과를 따겠느냐₁₆"(마 7:15~16)

'가시'와 관련한 가장 유명한 말씀은 (예수님의 본격적인 첫 번째 비유인) '씨 뿌리는 자의 비유'이다. 이 비유에서 "가시떨기"는 말씀의 결실을 방해하는 세력이다.[40]

> "더러는 **가시떨기** 위에 떨어지매 가시가 자라서 기운을 막았고₇ 더러는 좋은 땅에 떨어지매 혹 백 배, 혹 육십 배, 혹 삼십 배의 결실을 하였느니라₈ … **가시떨기**에 뿌리웠다는 것은 말씀을 들으나 세상의 염려와 재리의 유혹에 말씀이 막혀 결실치 못하는 자요₂₂"(마 13:7~8, 22)

결론적으로, 성경에서 '가시'의 용례는 '가시 모티브thorn motif'라고 불러도 될 정도이다. 모든 본문이 그렇지는 않을지라도 '가시'는 하나님의 백성에 맞서 그들의 진로를 방해하는 대적을 가리키는 은유적 표

---

40) 이 비유에서의 "가시떨기"는 "세상의 염려와 재리의 유혹"(22절)일 수도 있다. 그러나 좀 더 정확히는 세상의 염려와 재리의 유혹을 통해 결실을 방해하는 복음의 대적으로 이해하는 것이 더 어울린다(겔 2:6; 호 2:6을 보라). 길가에 뿌려진 씨를 먹은 "새들"(4절)은 '악한 마음'이 아니라 인격을 가진 대적인 "악한 자"(19절) 곧 "사탄"(막 4:15)이 아닌가? 한국 교회 안에서 이 비유는 너무나도 자주 그리고 오랫동안 개인화, 심리화 된 해석으로 점철되어왔다.

현으로 자주, 그리고 상당히 일관성 있게 사용된다. 하나님께서 자신에게 허용하신 "육체의 가시(σκόλοψ τῇ σαρκί)"를 바울이 "사탄의 사자(ἄγγελος σατανᾶ)"라고 부른 것이 이런 용례와 일맥상통하지 않을까?

2.2.4. 문맥

마지막으로 남은 작업은 고린도후서의 문맥과 내용에는 "육체의 가시(σκόλοψ τῇ σαρκί)", 즉 "사탄의 사자(ἄγγελος σατανᾶ)"를 이해하는 실마리가 없는지 살피는 것이다. 이뿐 아니라 이 소논문의 논증이 고린도후서의 내용과 어떻게 조화되는지도 살펴야 한다.

고린도후서는 바울의 사도 직분을 변증하기 위해 기록되었다. 고린도교회 안에는 바울의 사도 직분을 의심하는 자들이 있었다. 이 문제는 이미 고린도전서에서부터 나타난다. 그래서 바울은 자신의 사도직을 변증해야 했다(고전 9:1 이하; 참고. 15:8). 그러나 이 문제가 해결되지 않은 것이 틀림없다. 사도 바울은 이 때문에 고린도후서를 기록하여 보냈다. 이는 고린도후서 중간(8~9장)의 연보에 대한 교훈을 제외한 나머지 모든 부분이 바울의 사도 직분에 대한 변증으로 꽉 차 있는 이유이기도 하다. 맥아더McArthur는 고린도후서의 구조를 나눌 때, 사도의 사역으로 큰 제목을 붙인다.

A. 사도의 직무Apostolic Ministry(1~7장)

B. 사도의 모금Apostolic Collection(8~9장)

C. 사도의 입증Apostolic Vindication(10~13장)[41]

---

41) J. McArthur Jr., *2 Corinthians*, MNC (Chicago: Moody Publishers, 2003), 8~9. 맥아더는 고후 12:1~13의 제목을 "바울의 신임장(Paul's Credentials)"이라 붙였다.

고후 12:1~13의 단락에 등장하는 (셋째 하늘에 올라가 놀라운 계시를 받은) "한 사람"(2절)이 사도 바울 자신이라는 데 이의를 제기하는 학자는 거의 없다. 이 부분은 바울이 자신의 사도직을 변증하는 내용 가운데 있다. 그러므로 바울의 체험은 다른 일반 그리스도인들이 할 수 있는 것이 아니다. 이는 바울이 사도였기에 할 수 있는 체험이었다. 이는 당대의 그리스도인이라면 누구나 인정할 수밖에 없는 "사도의 표"였다(참고. 고후 12:12).

바울은 12:7의 실마리가 될 중요한 내용을 앞 문맥인 11장에서 언급한다.

> "내가 하나님의 열심으로 너희를 위하여 열심 내노니 내가 너희를 정결한 처녀로 한 남편인 그리스도께 드리려고 **중매함**이로다₂ 뱀이 그 간계로 이와를 미혹케 한 것같이 너희 마음이 그리스도를 향하는 진실함과 깨끗함에서 떠나 부패할까 두려워하노라₃ 만일 누가 가서 우리의 전파하지 아니한 다른 예수를 전파하거나 혹 너희의 받지 아니한 다른 영을 받게 하거나 혹 너희의 받지 아니한 다른 복음을 받게 할 때에는 너희가 잘 용납하는구나₄ 내가 지극히 큰 **사도들**보다 부족한 것이 조금도 없는 줄 생각하노라₅"(고후 11:2~5)

사도인 바울은 남편(그리스도)과 정결한 처녀(교회)를 연결하는 중매쟁이이다. 교회는 사도를 통해 예수 그리스도를 소개받고 그분과 혼인한다. 그러나 고린도교회 안에 들어온 이단자들은 사도들이 전하지 않은 다른 복음을 전했으며, 바울이 그리스도의 사도가 아니라고 미혹했다. 이는 사도 바울에 대한 험담으로 끝날 문제가 아니다. 이로 인해 고린도교회는 남편이신 그리스도와 단절될 위기에 처해 있다. 참 중매쟁이는 사도이며, 바울 역시 사도이기 때문이다. 바울을 거절하는 것, 그리고 그가 전한 복음을 거절하는 것은 남편이신 그리스도를 거절하는 행위이다. 11장에서 바울은 고린도교회에 침투한 거짓 교사(이단자)들의 정체를 밝혀준다.

"저런 사람들은 **거짓 사도(ψευδαπόστολοι)**요 **궤휼의 역군(ἐργάται δόλιοι)**이니 자기를 **그리스도의 사도로 가장하는 자**들이니라₁₃ 이것이 이상한 일이 아니라 **사단도 자기를 광명의 천사(ἄγγελον φωτός)로 가장**하나니₁₄ 그러므로 **사단의 일군들(οἱ διάκονοι αὐτοῦ)**도 자기를 **의의 일군(διάκονοι δικαιοσύνης)으로 가장**하는 것이 또한 큰일이 아니라 저희의 결국은 그 행위대로 되리라₁₅"(고후 11:13~15)

이 짧은 본문에서 "바꾸다change/변형시키다transform"는 뜻을 가진 헬라어 동사 "μετασχηματίζω"[42]가 세 번이나 반복되는 것은 주목할 만하다. 이 외에도 사도 바울은 여러 가지 표현을 사용하여 사도와 거짓 교사들을 선명하게 대조한다. 아래의 "표 1. 사도와 거짓 교사"를 보라.

표 1. 사도와 거짓 교사

	(바울을 포함한) 사도들	거짓 교사(이단자)들
보낸 자	그리스도(남편) (광명의 천사[43]?)	사탄(뱀, 거짓 남편) 광명의 천사로 가장하는 자
특징	그리스도의 사도 중매쟁이 의의 일군	거짓 사도 (부부 이간자/가정 파괴범) 사탄의 일군/궤휼의 역군 (사탄의 천사?)

42) 한글개역성경과 한글개역개정성경에는 "가장하는"으로 번역되었다.
43) 예수 그리스도의 본질이 피조물인 '천사(heavenly spiritual angel)'라는 뜻이 아니다. 구약성경에서 인간에게 현현하는 '여호와의 천사(The Angel of Yahweh)'는 종종 여호와 하나님 자신이다.

표 안의 내용 중 "광명의 천사?"와 "사탄의 천사?"는 11장에 명시적으로 기록되어 있지는 않다. 그러나 양쪽의 대조 속에서 그 의미가 충분히 암시되어 있다. 이 표에서 주목할 부분은 "광명의 천사"와 "사탄의 천사"이다. 바울은 "자기를 광명의 천사로 가장"하는 자가 "사단"(14절)이라고 선언한다. 사탄은 자신의 하수인들, 즉 "거짓 사도", "사탄의 일군", "의의 역군"을 보낸다. 12장에는 이러한 표현 대신 "사탄의 사자"라는 용어가 사용된다. 이 용어는 문맥상 11장과 자연스럽게 연결된다.

바울은 11장의 이 선명한 대조 바로 다음 문맥에서 이 "거짓 사도"가 유대주의자들임을 밝힌다.

> "저희가 히브리인이냐 나도 그러하며 저희가 이스라엘인이냐 나도 그러하며 저희가 아브라함의 씨냐 나도 그러하며₂₂ 저희가 그리스도의 일군이냐 정신 없는 말을 하거니와 나도 더욱 그러하도다 내가 수고를 넘치도록 하고 옥에 갇히기도 더 많이 하고 매도 수없이 맞고 여러 번 죽을 뻔하였으니₂₃ 유대인들에게 사십에 하나 감한 매를 다섯 번 맞았으며₂₄ 세 번 태장으로 맞고 한 번 돌로 맞고 세 번 파선하는데 일 주야를 깊음에서 지냈으며₂₅ 여러 번 여행에 강의 위험과 강도의 위험과 동족의 위험과 이방인의 위험과 시내의 위험과 광야의 위험과 바다의 위험과 거짓 형제 중의 위험을 당하고₂₆ 또 수고하며 애쓰고 여러 번 자지 못하고 주리며 목마르고 여러 번 굶고 춥고 헐벗었노라₂₇"(고후 11:22~27; 참고. 고후 12:10, 12)

사도행전에서 교회의 가장 강력한 대적은 회심하지 않은 유대인들이다. 바울서신에서 바울/복음의 강력한 대적은 유대주의자들이다. 그들 중 다수는 교회 안에 들어왔으나 옛 언약의 규례들(할례와 정결법 등)을 이방인 신자에게 강요하는 유대주의자들이다. 고린도교회의 상황도 크게 다르지 않다.[44] 그래서 사도 바울은 이 둘, 즉 복음의 대적자들과 유대주의자들을 구분하지 않고 묶어서 그다음 문맥을 이어가는 것이다.

바울이 11장에서 설명한 내용은 자연스럽게 12장의 문맥으로 연결된다. "육체의 가시"는 "사탄의 천사"와 동격이며, 질병보다는 인격을 가진 대상을 가리킨다. 바울의 선교 사역 내내 박해를 통해 그의 육체에 엄청난 고통을 가해온 이들은 유대인들이다. 그리고 지금 고린도교회 안에서 바울을 괴롭히는 "육체의 가시"는 바울의 사도성을 부인하며 거짓 복음을 전하고 있는 유대주의 거짓 교사들이다.

옛 언약 공동체(이스라엘)의 눈과 옆구리의 가시가 된 자들은 먼 곳에 살던 사람들이 아니다. 약속의 땅 가나안에 함께 거주하던 가나안 족속이다(민 33:55; 수 23:13). 이스라엘이 그들을 쫓아내지 않을 때 어떻게 되었는가? 바알과 아세라 숭배라는 배교와 타락에 빠지지 않았는가?

마찬가지로, 고린도교회 안의 거짓 교사들은 새 언약 공동체(교회)와 함께 있으나 그 소속은 전혀 다르다. 그들은 "사탄의 일군", "궤휼의 역군"이다. 그러면서도 "광명의 천사", "의의 일군", "그리스도의 사도"로 자신을 가장한다. 그들은 새 언약 공동체가 쫓아내야 할 '새 가나안 족속'이다. 그들은 사도들이 전한 복음 대신 (새 언약 시대의 바알 숭배와 다를 바 없는) 유대주의 거짓 복음으로 그들을 미혹하여 배교와 타락에 빠지게 할 것이다.

이렇게 고린도후서의 주제와 문맥은 앞에서 살핀 세 가지 논증 – 7

---

44) 고린도교회 안의 대적자들은 이방인 신자에게 할례를 강요하기보다는 바울을 대적하는 것에 좀 더 주력한 것 같다.

절의 내용과 문법적 유의점, "사탄의 사자"의 용례, "육체의 가시"의 용례 – 과 조화된다. 그렇다면 12:7은 '바울이 높임(칭송)을 받지 않게' 하시려는 하나님의 목적과 무슨 상관이 있을까? 11:22~27에서 바울은 유대인들로 인해 상상할 수도 없는 고통을 당했다고 진술한다. 이 육체의 가시가 물러가도록 그가 간절히 기도한 것은 당연하다. 그가 그렇게 기도한 것은 잘못이 아니다. 그러나 하나님께서 그의 간절한 탄원에도 "육체의 가시", 즉 "사탄의 천사"가 물러가도록 허락하지 않으셨다. 이를 통해 하나님께서는 바울이 (교만이 아니라) 사람들에게 칭송을 받지 못하게 하셨다. 높임을 받아야 할 사람은 바울이 아니다. 오직 그리스도께서 높임을 받아야 하기 때문이다.

"그러나 하나님께서 세상의 미련한 것들을 택하사 지혜 있는 자들을 부끄럽게 하려 하시고 세상의 약한 것들을 택하사 강한 것들을 부끄럽게 하려 하시며27 하나님께서 세상의 천한 것들과 멸시받는 것들과 없는 것들을 택하사 있는 것들을 폐하려 하시나니28 이는 아무 육체라도 하나님 앞에서 자랑하지 못하게 하심이라29 너희는 하나님께로부터 나서 그리스도 예수 안에 있고 예수는 하나님께로서 나와서 우리에게 지혜와 의로움과 거룩함과 구속함이 되셨으니30 기록된 바 자랑하는 자는 주 안에서 자랑하라 함과 같게 하려 함이니라31"(고전 1:27~31)

"자랑하는 자는 주 안에서 자랑할찌니라"(고후 10:17)

"내가 부득불 자랑할찐대 나의 약한 것을 자랑하리라"(고후 11:30)

"내가 이런 사람을 위하여 자랑하겠으나 나를 위하여는 약한 것들 외에 자랑치 아니하리라₅ ⋯ 나의 여러 약한 것들에 대하여 자랑하리니⋯₉" (고후 12:5,9)

하나님께서 "육체의 가시" 즉 "사탄의 천사"를 제거하지 않은 결과로 나타난 유익이 무엇인가? 바울은 박해와 고통을 받아 낮아지고 그리스도의 복음이 드러났다. 그 결과 하나님의 능력이 온전히 드러나게 되었다.

"내게 이르시기를 내 은혜가 네게 족하도다 이는 **내 능력이 약한 데서 온전하여짐이라** 하신지라 이러므로 도리어 크게 기뻐함으로 나의 여러 약한 것들에 대하여 자랑하리니 이는 그리스도의 능력으로 내게 머물게 하려 함이라₉ 그러므로 **내가 그리스도를 위하여 약한 것들과 능욕과 궁핍과 핍박과 곤란을 기뻐하노니 이는 내가 약할 그 때에 곧 강함**이니라₁₀"(고후 12:9~10)

이는 사도 바울이 교만하지 않으니 은혜와 능력이 충만하게 되었다는 개인화, 심리화 된 내용이 아니다. 오히려 바울을 포함하여 사도들이 당하는 핍박과 고통의 결과, 그리스도의 복음의 능력이 나타나 선교가 이루어지고 교회가 든든히 건설되는 모습으로 이해해야 한다(참고. 고후 11:17~33; 행 6:7; 12:24; 13:48~49; 19:20).[45]

---

45) 루스드라에서 발생한 사건은 좋은 실례이다. 사람들은 날 때부터 앉은뱅이었던 자가 치유된 것을 보고, 바울과 바나바를 신으로 숭배하려 한다. 그러나 바울은 이를 말리고 복음을 전한다. 그 결과, 바울은 안디옥과 이고니온에서 온 유대인들에게 돌로 맞아 거의 죽음에 이른다. 그러나 반대로 루스드라와 이고니온과 안디옥에는 교회가 든든히 세워진다(행 14:1~22). 이때 유대인들은 바울에게 "육체의 가시"가 되었다. 유대인들의 강력한

III. 결론

이상으로 바울이 당한 "육체의 가시"가 무엇인지 네 가지 논증을 통해 살펴보았다. 바울에게 주어진 "육체의 가시"는 "사탄의 천사", 즉 인격체이다. 다시 말하자면, 바울의 대적이다. 아마도 이는 바울을 공격하는 유대주의자 또는 그 세력이었을 것이다. 바울은 이것이 물러가기를 간절히 기도했지만, 하나님께서는 그의 요청대로 응답하지 않으셨다. 오히려 이 "육체의 가시", 복음의 대적을 통해 바울의 사도 직분을 입증하시고, 교회를 든든히 세우신다. 이것이야말로 사탄의 작전을 능가하는, 하나님의 신비로운 섭리이다.

핍박과 반대로 인해 바울은 육체의 죽음에 근접한다. 바울이 높임을 받는 대신 그리스도의 복음이 전해지고 하나님께서 높임을 받으신다.

약어표(Abbreviations)

BNTC Black's New Testament Commentary

DBI L. Ryken, J. C. Wilhoit, and T. Longman III, ed. by, *Dictionary of Biblical Imagery*, Leicester: IVP, 1998.

DJG *Dictionary of Jesus and the Gospels*, ed. by J. B. Green, I. H. Marshall and S. McKnight, Downers Grove, IL: IVP, 1992.

DLNTD *Dictionary of the Later New Testament & Its Developments*, ed. by R. P. Martin and P. H. Davids, Downers Grove, IL: IVP, 1997.

DPL *Dictionary of Paul and His Letters*, ed. by G. F. Hawthorne, R. P. Martin and D. G. Reid, Downers Grove, IL: IVP, 1993.

ESV *English Standard Version*

GLNT W. Bauer, *A Greek–English Lexicon of the New Testament and Other Early Christian Literature*, 3rd edition, rev. and ed. by F. W. Danker, based on *Griechisch–Deutsches Wörterbuch zu den Schriften des Neuen Testaments und der frühchristlichen Literatur*, 6th ed., Chicago, IL: The University of Chicago Press, 2000.

JBL *Journal of Biblical Literature*

KJV *King James Version*

LXX *LXX Septuaginta Rahlfs'* in Bibleworks 9

MT 2 *The Greek New Testament: According to the Majority Text*, Second revised ed. by Zane C. Hodges and Arthur, L. Farstad, Nashville: Thomas Nelson Publishers, 1985.

NA 27 *Novum Testamentum Graece*, 27th rev. ed. by B. Aland, K. Aland, J. Karavidopoulos, C. M. Martini, and B. M. Metzger, Deutsche Bibelgesellschaft, 1993.

NKJV *New King James Version*

참고 문헌(Bibliography)

1. 성경

1) 헬라어 성경 : *MT 2 / NA 27 / LXX*
2) 영어 성경 : *ESV / KJV / NKJV*
3) 한글 성경 : *한글개역성경 / 한글개역개정성경 / 한글공동번역성경*

2. 사전

GLNT / DBI / DJG / DPL / DLNTD

3. 논문, 주석, 단행본, 기타

Barrett, C. K.	*The Second Epistle to the Corinthians*, BNTC, London: A & C Black, 1973.
Calvin, John	*Commentary on 2 Corinthians*.
Davidson, M. J.	"Angels", in *DJG*, 8~11.
Mullins, T. Y.	"Paul's Thorn in the Flesh," *JBL* 76 (1957): 299~303.
Noll, S. F.	"Angel", *DLNTD*, 44~47.
Reid, D. G.	"Angel", *DPL*, 20~23.
Sproul, R. C. and Mathison, K. ed. by	"The Second Epistle of Paul the Apostle to the Corinthians", *The Reformation Study Bible*, Orlando, FL: Ligonier Ministries, 2005, 1670~1689.
Tasker, R. V. G.	고린도후서, 정일오 역, *The Second Epistle of Paul to the Corinthians*, 틴델주석 시리즈 8, 서울: CLC, 1988.
문장환,	"천상의 계시와 지상의 가시", 본문과 설교 2 (2009): 108~123.
송영목,	『문법적 · 역사적 · 성경신학적 관점에서 본 신약주석』, 서울: 쿰란출판사, 2011.

부록 2

포스트 코로나 시대의 교회 위협세력과 대처방안
– 교회 안의 위험한 기류와 해결책을 중심으로 –

※ 이 글은 2021년 5월 11일(화) 대한예수교장로회(고신) 총회 이단대책위원회 주최 '노회 이단 상담가 3차 교육'에서 강의한 내용입니다. 권기현, "포스트 코로나 시대의 교회 위협세력과 대처방안", 『바른 신앙』 No. 25 (2021): 13~41을 일부 수정했습니다. *한글개역성경*으로 작성했습니다.

포스트 코로나 시대의 교회 위협세력과 대처방안

– 교회 안의 위험한 기류와 해결책을 중심으로 –

I. 서론

작년(2020년) 초만 해도 길어야 몇 주, 아무리 길어도 몇 달이면 끝 날 것이라 예견했습니다. 그러나 신종코로나바이러스 감염증 19(이하 COVID-19) 팬데믹이 끝날 기미가 보이지 않습니다. 이제 북미와 유럽 의 선진국들은 앞다투어 자국민들에게 백신 주사를 맞게 하고 있습니 다. 대한민국은 전 세계 다른 나라들에 비해 COVID-19로 인한 피해 가 상대적으로 적은 편입니다. 확진자 수, 사망자 수, 국가의 재정난에 서 그러합니다.[1]

그러나 한국 교회의 현실은 그 반대입니다. 공예배와 공적 모임 전 반에 있어 직격탄을 맞았습니다. 대형교회는 말할 것도 없고, 중소형 교회들의 피해는 상상을 초월합니다. 특히 작은 공간을 빌려 월세를 내며 근근이 버티는 미자립교회의 경우, 목사 가족 외의 교인 대부분 이 출석하지 않는 교회가 상당합니다. COVID-19 팬데믹은 그나마 서 서히 줄어가고 있던 한국 교회의 전반적인 교세가 확연한 하향세로 돌

---

1) 2021년 4월 30일 오전 10시 현재 누적 확진자 122,007명, 격리 해제 111,322명, 누적 사망자 1,828명입니다.

아서는 분수령이 되었습니다.[2]

2020년 COVID-19 팬데믹 초창기에 한국 교회가 입은 피해는 외부적인 요인을 무시할 수 없습니다. 이단 사이비 종파인 신천지 교도들의 집단 감염, 이로 인해 기존의 건전한 교회들마저 비슷한 집단으로 취급해버리는 언론들과 사회의 따가운 시선, 방역을 이유로 교회의 예배 소집권을 통제하는 공직자와의 관계 등이 그 대표적인 실례입니다. 그러나 이런 요인들로 인해 교세가 현저히 줄어든 현실은 한국 교회의 내구성이 그만큼 약하다는 방증이기도 합니다.

문제는 이제부터입니다. 한국 교회는 이제 원하든 그렇지 않든, 포스트 코로나 시대를 준비해야 합니다. 핍박과 이단의 도전은 교회사 전반에 걸쳐 항상 존재해왔습니다. 세상 국가와 공직자들은 때로는 교회를 보호[3]하며, 또 때로는 교회를 핍박[4]했습니다. 교회는 핍박의 시대에도, 이단의 공세에도 성장해왔습니다. 그러니 언제까지 외부적인 요인들을 이유로 내세울 수 없습니다. 포스트 코로나 시대에는 이런 외부적인 요인보다는 오히려 내부적인 요인이 교회를 무너뜨리는 더

---

2) 필자가 속한 대한예수교장로회(고신)의 경우, '2021년 교세보고서'에 교인 수는 적되 예배 참석자 수를 적는 난을 아예 없앴습니다. 이는 그만큼 예배 참석자 수가 현저히 줄어들었다는 뜻이기도 합니다. 이것이 일시적인 현상일 수도 있으나, COVID-19 팬데믹이 끝나더라도 교세가 이전과 같은 수준으로 금방 회복될 것이라고 예상하는 이는 적습니다.

3) 하나님께서 국가, 세상 정부와 공직자들에게 주신 권세와 기능에 대해서는 롬 13:1~7; 딤전 2:1~2; 딛 3:1~2; 벧전 2:13~15; 웨스트민스터 신앙고백서 23장을 참고하십시오. 개혁자 칼빈은 이를 성경적으로 명쾌하게 정리했습니다. J. Canvin, 기독교 강요, Ⅳ.20.

4) 고센 땅을 주어 이스라엘(구약 교회)을 보호하던 애굽은 교회의 핍박자로 돌변했습니다(출애굽기 1장). 헤롯 대왕(Herod the Great)은 예수님을 죽이기 위해 베들레헴과 그 인근의 사내아이들을 대량학살했으며(마태복음 2장), 헤롯 안디바(Herod Antipas)는 세례 요한의 목을 베었고(마태복음 14장), 헤롯 아그립바 1세(Herod Agrippa I)는 사도 야고보를 죽이고, 베드로를 옥에 가두었습니다(사도행전 12장). 주후 64년 네로(Nero)의 핍박이 시작된 이후부터 콘스탄티누스(Constantinus)의 밀라노 칙령으로 종교의 자유를 얻을 때까지 기독교는 로마의 황제들과 공직자들에 의해 대대적인 핍박을 받았습니다.

큰 위협이 될 것입니다. 이 글에서는 현재 한국 교회의 내구성을 무너 뜨리는 몇 가지를 언급하고 그 해결 방안을 제시할 것입니다.

II. 위협

2.1. 공예배의 약화

한국 교회 안에서 COVID-19로 인해 발발한 가장 큰 이슈 중 하나 는 소위 '비대면 예배'에 대한 찬반 논쟁입니다.

어떤 이들은 비대면 예배를 반대하고 '모여서 드리는 예배'를 강조했 습니다. 그러나 성경 주해와 신학적 근거를 정확히 설명하기보다는 당 장 눈앞에 보이는 교세 하락, 교회 재정 약화 등 실용주의적인 이유가 그 배경에 내재해 있는 경우가 많았습니다. 정확한 근거가 없는 가짜 뉴스, 정부와 관계 기관에 대한 맹목적인 불신을 내세우는 경우도 꽤 있었습니다. 예배로 모여 큰 소리로 찬송하고 기도하면 병에 걸리지 않으리라는 신비주의 신앙도 여기에 가세했습니다. 어떤 선교단체는 세대주의 종말론에 기초하여 백신이 마치 계시록 13장의 '666'과 같거 나 유사한 것이라는 음모론을 가르치고 퍼뜨리다가 대량 감염과 확산 을 초래했습니다.

한편, 다른 이들은 '비대면 예배'를 적극적으로 찬성했습니다. 신령 과 진정으로 드리는 예배가 중요하지 장소나 현장에서 모이는 것 자체 는 비본질적인 요소라고 주장했습니다. 이들이 내세우는 대표적인 구 절은 다음과 같습니다.

"예수께서 가라사대 여자여 내 말을 믿으라 이 산에서도 말고 예루살

렘에서도 말고 너희가 아버지께 예배할 때가 이르리라₂₁ 너희는 알지
못하는 것을 예배하고 우리는 아는 것을 예배하노니 이는 구원이 유
대인에게서 남이니라₂₂ 아버지께 참으로 예배하는 자들은 신령과 진
정으로 예배할 때가 오나니 곧 이때라 아버지께서는 이렇게 자기에
게 예배하는 자들을 찾으시느니라₂₃ 하나님은 영이시니 예배하는 자
가 신령과 진정으로 예배할찌니라₂₄"(요 4 : 21~24)

그러나 이것은 잘못된 해석과 적용입니다. 구약 시대에는 지상 위의
단 한 곳에만 중앙 성소가 있었습니다. 시내산에서 제작한 성막은 광
야 시대를 거쳐 실로에 정착했습니다. 몇백 년이 지난 후, 솔로몬이 예
루살렘에 성전을 건축했습니다. 하나님께서는 모든 이스라엘 백성들
이 연중 세 차례 중앙 성소로 와서 예배하라고 명령하셨습니다(신명기
16장). 그러나 요한복음은 성육신하신 예수 그리스도께서 성막(요 1:14)
이요 성전(요 2:19~22)이라는 놀라운 복음을 선포합니다. 그래서 이제
이 산(사마리아 성전이 있던 그리심산)이나 예루살렘이 아니라 "성령과 진
리"⁵로 예배하는 시대가 열렸습니다. 신약 시대에는 성령 받은 공동체
인 교회가 바로 새 성전, 사람-성전이기 때문입니다.⁶ 그러니 이 말씀
은 예배의 현장에 모이지 않아도 된다는 근거 구절이 될 수 없습니다.
오히려 사람-성전인 교회가 성령으로 영감 된 진리의 말씀을 설교하
는 강단을 중심으로 모여서 예배해야 하는 근거가 됩니다. 16세기 개

---

5) 요한복음 4장 23절과 24절의 "신령과 진정으로($\dot{\epsilon}\nu \pi\nu\epsilon\dot{\nu}\mu\alpha\tau\iota \kappa\alpha\dot{\iota} \dot{\alpha}\lambda\eta\theta\epsilon\dot{\iota}\alpha$)"를 직역하면,
   "영과 진리 안에서"입니다. 조금 풀어서 설명하면, "진리의 성령 안에서"라는 뜻입니다. 이
   는 '마음을 다해서 드리는 예배'라는 뜻이 아니라 '예수 그리스도께서 오순절에 새 성전이
   될 교회에게 부어주실 진리의 성령으로 드리는 예배'의 시대가 이제 도래했다는 뜻입니다.
   즉, 구속사의 획기적인 변화를 보여주는 말씀입니다.
6) 고전 3:16~17; 6:19~20; 엡 2:20~22; 벧전 2:4~5.

혁자들이 성경대로 설교하고, 성경대로 성례를 시행하는 교회야말로 머리이신 그리스도와 연합한 참 교회라고 가르친 근거가 바로 여기에 있습니다.[7]

어떤 이들은(심지어 신학교 교수, 사회 저명인사 중에서도) 신앙고백을 언급하여 '비대면 예배'의 정당성을 주장하기도 했습니다.

> "현 복음 시대에 기도나 종교적 예배의 어떤 순서도 <u>행하는 장소나 향하는 곳에 매여 있지 않으며</u> 더 잘 받아들여지는 것도 아니다. 그러나 매일 가정에서나 <u>은밀하게 홀로, 그리고 어디서나 영과 진리로 하나님께 예배할 수 있다.</u> 또한 하나님께서 말씀이나 섭리로 요청하실 때 공적 집회에서 더 엄숙하게 예배할 수 있으니, 이런 집회를 부주의나 임의로 소홀히 하거나 저버리지 말아야 한다."(웨스트민스터 신앙고백서 21:6)

이는 신앙고백서를 오독(誤讀)한 것입니다. 위 세 문장 중 첫째 문장은 앞의 요 4:21~24의 설명과 같습니다. 이제는 이 땅 위에 중앙 성소가 없으므로 특정한 어느 한 장소나 방향으로 기도할 필요가 없으며,[8] (중앙 성소에서 모이는 대신) 하늘에 계신 교회의 머리(그리스도)와 연합하여 지구 위의 곳곳에서 모여 예배합니다. 이 문구는 '모여서 드리는 예배'를 반대할 근거가 되지 못합니다.

---

7) 이 주제에 대한 보다 상세한 주해와 설명으로는 권기현, "제5장. 돌 성전에서 사람 성전으로", 『예배 중에 찾아오시는 우리 하나님: 성경적인 공예배에 관한 몇 가지 묵상』(경북: R&F, 2019), 85~98을 참고하십시오.

8) 예를 들어, 다니엘은 이미 파괴되어 사라져버린 예루살렘 성전이 있는 방향으로 기도했습니다(단 6:10). 이는 솔로몬이 성전을 봉헌하면서 드린 기도이자 계시에 대한 순종입니다(왕상 8:46~52; 참고. 다니엘 9장).

둘째 문장은 어디서나 기도할 수 있으며, '가정예배family worship'와 같은 경건한 모임을 장려하는 문구입니다. 우리가 잘 아는 대로, 개혁 신앙의 선조들은 가정예배와 신앙 양육을 중요시했습니다. 그러나 그들은 단 한 번도 '가정예배'나 '경건회/기도회prayer meeting'를 '공예배 public service'와 동일시한 적이 없습니다. 가정예배와 경건회는 장려하되, 이것이 곧 공예배를 대체할 수 없습니다. [9]

성경과 신앙고백에 근거하기보다는 실용주의적 관점에서 '모여서 드리는 예배'를 강조한 결과는 처참합니다. 가뜩이나 '가나안' 교인이 많아지고 있는 이 시대에 예배에 대한 냉소주의와 비관론을 부채질한 꼴이 되었습니다. 헌금을 많이 거두기 위해, 목사의 배를 불리기 위해, 미신과 광신을 주장하기 위해 예배한다는 비난이 오히려 들끓게 되었습니다. 그리고 이는 신앙이 연약한 교인들이 예배에 불참하는 죄를 가리는 핑계가 되었습니다.

'모여서 드리는 예배'는 본질이 아니라는 주장, 그래서 '비대면 예배'가 공예배와 등가(等價) 하며 이를 대체할 수 있다는 주장 역시 그에 따른 혹독한 대가를 치르고 있습니다. 이 둘이 같은 가치를 가진다는 주장에 익숙해진 이들은 이제 예배당에 모여 예배할 필요를 느끼지 못하게 되었습니다. 기독교방송을 시청하는 것과 공예배의 차이가 불분명해졌습니다. 다수의 교회가 예배 현장을 영상으로 송출하므로, 소속은 이 교회에 있으나 다른 교회 목사로부터 말씀을 공급받고 은혜받는 생활이 점점 확대되고 있습니다. 그 결과, 소속 교회의 예배에 참석하라고 할 명분이 점점 힘을 잃어가고 있습니다.

---

9) 이 주제에 대한 보다 상세한 주해와 설명으로는 권기현, "제7장. 가정예배가 공예배를 대신할 수 있습니까?", 「예배 중에 찾아오시는 우리 하나님」, 123~127을 참고하십시오.

이상의 결과로, 한국 교회는 이제 교회 밖의 이단 사이비뿐 아니라 교회 내의 예배 약화라는 큰 위협 아래 처하게 되었습니다.

2.2. 성찬의 약화

'비대면 예배'의 논쟁은 더 나아가 '비대면 성찬' 논쟁으로 이어졌습니다. '비대면 성찬'은 여러 가지 종류가 있겠으나, 대체로는 온라인으로 송출하는 예배 도중에 목사가 순서를 인도하지만, 성찬은 각 가정 또는 개인별로 시행하는 것을 의미합니다. 이를 이미 시행하고 있는 교회들(특히 대형교회들)이 꽤 있습니다. 총회 또는 노회에서도 '비대면 성찬'이 가능한지 한국 교회의 각 교단에서는 지금도 논쟁 중입니다.

성찬과 세례는 차이점[10]도 있으나, 둘 다 성례sacrament라는 점에서 동등한 가치[11]가 있습니다. 둘 다 언약의 표와 인이며, 눈으로 보는 말씀입니다. 성례는 믿음을 생성하지는 못하나, 믿음을 강화하며 증진합니다.[12] 그러니 '비대면 성찬'을 허용한다면 '비대면 세례'를 허용하지 못할 이유가 없습니다. 전자를 받아들이면 후자도 받아들여야 하

---

10) "문: 세례와 성찬 이 두 성례는 어떠한 점에서 다릅니까?
　　답: 세례와 성찬이 다른 점은 세례는 물로써 단 한 번만 시행하며, 우리의 중생과 그리스도께 접붙임의 표증과 인침으로써 유아에게도 시행해야 하는 반면에, 성찬은 떡, 포도주라는 요소들을 가지고 자주 시행해야 하고, 그리스도를 영혼의 신령한 양식으로 재현하고 나타내며, 우리가 그리스도 안에 계속 거하며 자라감을 확증하는 것으로서, 오직 자신을 점검할 수 있는 연령에 이르고 그런 능력이 있는 이들에게만 시행해야 한다는 점입니다."(대교리 제177문답)

11) "문: 세례와 성찬 이 두 성례는 어떠한 점에서 일치하는가?
　　답: 세례와 성찬이 일치하는 점은 둘 다 하나님께로부터 유래했으며, 그 영적 측면이 모두 그리스도와 그분의 은덕이고, 둘 다 같은 언약의 인침이라는 점입니다. 그리고 둘 다 복음 사역자들(목사들)에 의해 배포되어야 하며, 그 밖에 누구에 의해서도 배포될 수 없고, 주님께서 재림하실 때까지 그리스도의 교회에서 계속 시행되어야 한다는 점입니다."(대교리 제176문답)

12) 대교리 제162문답.

며, 전자를 허용할 수 없다면 후자도 허용할 수 없습니다. 목사가 영상으로 세례 예식문을 낭독하고, 각 가정에서 부모가 직접 자신의 아기에게 세례를 줄 수 있을까요? 사실 세례는 신앙고백 당사자 또는 유아세례를 받는 아기의 부모만 서약하는 자리가 아닙니다. 교회의 직분자들, 그리고 이미 성찬에 참여하고 있는 모든 교인이 (혈통을 넘어선 언약의 부모로서) 수세자를 영적 가족으로 받아들이는 공적 서약의 자리이기도 합니다.[13]

대다수 한국 교회는 성찬을 자주 시행하지 않습니다. 그러다 보니 하나님의 가족인 교회가 한자리에 모여 그리스도의 몸과 피를 상징하는 떡과 잔을 먹고 마시는 연합의 가치를 자주 절감하지 못합니다. 그러니 서로 떨어져서 예배하고 성례를 시행해도 그리 큰 결핍을 느끼지 못하는 것입니다. 이는 교회의 공동체성을 현저히 약화합니다. 교회가 영적인 가족, 즉 하나님의 자녀요 그리스도의 신부이며 성령 공동체임을 인지하지 못하게 만듭니다. 한 마디로, 성찬의 약화는 교회를 하나님의 새 가족이 아니라 단지 출석하는 단체로 전락시킵니다.

2.3. 개인주의 만연

19세기와 20세기 기독교는 한편으로는 자유주의의 시대였습니다. 천지창조, 동정녀 탄생, 부활과 승천, 재림 등 기독교의 가장 기본적인 교리와 성경의 역사성을 부인하는 자유주의 신학이 전 세계를 휩쓸었다고 해도 과언이 아닙니다. 다른 한편으로, 그 시기는 복음주의 시

---

13) 필자가 영국 유학 중 출석한 장로교회에서는 유아세례 시 언제나 직분자들이 함께 서약했으며, 목사는 전 교인에게 그 아기를 영적 가족으로 받아들일 것을 엄중히 선포했습니다. 육신의 부모뿐 아니라 교회 전체가 수세자를 영적 가족으로 받아들이는 엄중한 서약의 자리이기 때문입니다.

대이기도 합니다. 성경의 영감과 무오성, 그리고 역사성을 굳게 믿는 사람들의 헌신으로 선교와 전도의 전 세계적 열풍이 분 시기이기도 합니다. 복음주의에는 이런 장점이 있으나, 치명적인 단점도 있습니다. 성경의 교리[14] 중 회심과 중생에만 치우친 강조, 교회 질서Church Order 즉 예전liturgy과 교회 정치의 약화, 그리고 교회의 중요성보다는 개인주의individualism 신앙의 강조가 그 대표적인 특징입니다.

한국의 주류 교회들은 복음주의 영향을 깊이 받아왔습니다. 그래서 소수의 자유주의 교단을 제외하면, 대부분 성경의 영감과 역사성을 굳게 믿습니다. 그러나 동시에 단점도 함께 안게 되었습니다. '내 예수, 나 믿고 나 천당 간다.'라는 것이 한국 교회의 특징이 되었습니다. 교회 건설과 공예배는 전도와 회심과 개인 구원이라는 캐치프레이즈의 보조적 기능에 머뭅니다. 신실한 성경 주해에 근거한 설교보다는 자신이 무엇을 느꼈느냐가 우선시됩니다. '무엇으로부터 구원받았는가?'는 강조되나, '무엇을 향해 그리고 누구를 향해 구원받는가?'는 상대적으로 약화됩니다.

한국 교회의 이러한 특징은 COVID-19 팬데믹을 통해 민낯을 드러내고 있습니다. 예배 출석과 결석을 교인의 개인 의사에 맡겨버리는 것이 전혀 이상하지 않은 현실이 되었습니다. 당회와 아무런 상의 없이 개인 의사로 결석하는 교인을 권면하고 교정하는 장로들이 얼마나 될까요? 규모가 꽤 큰 교회는 누가 결석했는지조차 모를 때가 많습니다. 이번 주일에는 이 교회에 출석한 사람이 다음 주일에는 저 교회에 가서 예배해도 전혀 이상하지 않은 현실이 되었습니다.

더욱 심각한 것은 꽤 많은 그리스도인, 심지어 교회의 직분자조차

---

14) 이는 특히 역사적 신앙고백과 교리문답에 잘 요약되어 있습니다.

이러한 개인주의 신앙을 비정상적이라고 여기지 않는다는 점입니다. 교회에 출석하는 것도, 결석하는 것도 개인의 자유라고 여깁니다. 등록도, 탈퇴도, 다른 교회로 옮기는 것도 개인의 자유라고 여깁니다. 이는 개체교회 '장로들의 회(會)'인 당회의 기능을 현저히 약화시키는 위협입니다.[15] 이단 사이비 종파의 공격적인 포교 활동에는 위기의식을 느끼면서도, 위에서 언급한 개인주의 신앙의 폐해를 아무렇지도 않게 여긴다면 그것이 더 큰 문제입니다. 개인주의의 만연과 교회의 무관심은 이단들이 기존 교회에 잠입하여 교인이 되고, 나아가 영향력 있는 직분자가 되는 손쉬운 통로입니다. 한 교회의 지체가 된 교인들이 재빨리 세상으로 돌아가는 통로이기도 합니다. 교회가 견고한 요새가 되기를 포기하고, 사탄에게 하나님의 집 대문 열쇠를 넘겨주는 꼴이 됩니다. 또한, 교인들은 본인의 생각이나 스타일에 맞지 않으면 쉽게 교회를 옮기고, 목자 없는 양이 되어 이리저리 떠돌게 됩니다.

2.4. 신앙의 본질인 결단과 희생의 약화

예수 그리스도를 구주로 믿는 것은 핍박과 희생을 필연적으로 동반합니다.

> "이에 예수께서 제자들에게 이르시되 아무든지 나를 따라 오려거든 자기를 부인하고 자기 십자가를 지고 나를 좇을 것이니라[24] 누구든지 제 목숨을 구원코자 하면 잃을 것이요 누구든지 나를 위하여 제 목숨을 잃으면 찾으리라[25]"(마 16 : 24~25)

---

15) 예배를 관장하는 일, 교인들의 출석과 결석, 교인 등록과 말소, 심방 등은 당회의 중요한 직무입니다.

그러나 COVID-19와 함께 나타난 공예배와 성례의 약화는 개인주의와 결합하여 신앙의 본질을 위협합니다. 신앙생활이 필수적인 것이 아니라 일종의 선택 가능한 것으로 바뀌고 있습니다. 처음에는 감염 예방과 사회에 본이 되어야 한다는 이유로 의료인과 공무원, 교사들의 공예배 결석이 당연시되었습니다. 그러나 그 후, '비대면 예배'를 하지 않고 '모여서 드리는 예배'에 참석하면 회사에서 싫어하기 때문에, 자녀가 어리기 때문에, 혹시나 감염될까 불안해서, 께름칙한 마음에 결석하는 사람들이 많아졌습니다. 사실 대다수 교회는 위생수칙과 방역, 그리고 거리두기에 철저합니다. 정상적으로 수칙을 준수하기만 하면, 대중교통과 직장과 학교에서보다 감염 가능성이 훨씬 낮습니다.

물론 당회와 집사는 제6계명(이웃의 생명)을 준수하기 위해 건강과 체력이 연약한 성도들을 항상 살피고 배려해야 합니다. 그러나 신앙생활을 단순히 선택의 문제로 여기기 시작하면, 어느 순간부터 공예배와 성도의 교제와 봉사가 일상생활보다 후순위로 밀려나기 시작합니다. 그런 교인들에게 그리스도와 복음을 위한 헌신과 결단과 희생을 요구한다는 것이 얼마나 모순된 일입니까? 포스트 코로나 시대에는 많은 교회가 이 문제와 씨름할 수밖에 없습니다.

III. 대처방안

교회사 가운데 그리스도의 참 교회가 위기에 직면하지 않은 적은 한 번도 없습니다. 사탄은 핍박(용)으로, 이단의 미혹(뱀)으로, 또 때로는 안일함과 나태함으로 교회를 위협합니다. 많은 경우, 위의 여러 가지가 결합한 모습으로 나타납니다. 교회가 직면한 어려움은 다양하나,

그 해결책은 언제나 같습니다. 재빨리 **성경과 신앙고백**으로 돌아가는 것입니다. 해결책이 잘 보이지 않는 가장 큰 이유는 위협의 크기가 아니라 무엇이 올바른지 그 표준canon/criterion을 알지 못하는 것입니다. 하나님께서는 연약한 교회에게 신앙과 삶의 표준을 주셨습니다. 성경입니다. 이 성경 말씀에 근거하여 신앙의 선조들은 신조creeds와 신앙고백confessions을 작성하는 지혜를 발휘했습니다.

3.1. 공예배와 관련하여

개혁신앙을 고백하는 장로교회presbyterian church는 '복음적 교회evangelical church'[16]이며, '복음주의 교회evangelistic church'와는 구별됩니다. 예전liturgy과 성찬Lord's Supper의 강조는 개혁주의 교회의 장점 중 하나입니다. 예전이 분명하기에 공예배는 가정예배, 각종 기도회 또는 경건회[17] 등과 뚜렷이 구분됩니다. 성찬이 자주 시행되며, 시행 대상이 분명하기에 '모여서 드리는 예배'의 중요성과 교회의 하나 됨이 확연히 드러납니다.

한국 교회의 목회자와 성도들은 대체로 공예배와 공적 모임에 대한 대단한 열정을 갖고 있습니다. 그에 비해, 공예배의 본질과 원리에 대한 이해도는 그리 높지 않습니다. 교회는 공예배가 무엇인지부터 제대로 가르쳐야 합니다.

---

16) '복음적 교회(evangelical church)'는 성경의 영감과 무오성, 역사성과 참된 교리를 수호하는 교회라는 의미를 담고 있습니다. 특히 교황을 중심으로 한 로마 천주교, 그리고 자유주의 교회와 대립하는 명칭입니다.
17) 가정예배, 수요예배, 구역예배, 철야예배, 심방예배, 개업예배, 환갑예배 등등 수많은 종류의 이런 모임은 공예배가 아니라 '기도회' 또는 '경건회'입니다.

(1) 공예배의 원리

첫째, 공예배는 하나님께서 교회에게 주신 **영구적인 명령**이며, **언약 공동체**(교회)**의 책무**입니다.

> "일반적으로 하나님을 예배하기 위해 적정한 비율의 시간을 구별하
> 는 것이 자연적 법칙이거니와, 하나님께서는 자기의 말씀에서 적극
> 적이고 도덕적이며 항구적인 계명으로 모든 시대 모든 사람에게 부과
> 하시사 특별히 칠일 중에 하루를 안식일로 지정하시고 자기를 위하여
> 거룩하게 지키라고 하셨다. 이날은 창세로부터 그리스도의 부활까지
> 는 한 주간의 마지막 날이었는데, 그리스도의 부활부터는 주간의 첫
> 날로 바뀌었으며, 성경은 그날을 주일이라 부르며 세상 끝날까지 기
> 독자의 안식일로 계속될 것이다."(웨스트민스터 신앙고백서 21:7)[18]

둘째, 공예배는 **언약 백성만의 특권이자 의무**입니다. 엄격히 말하면, 언약의 외인은 예배의 주체나 참여자가 아닙니다. 참석하더라도 예배자는 아닙니다. 복음은 감춰진 비밀이어서 불신자에게는 거리끼는 것이요 미련한 행위일 뿐입니다.[19] 따라서 세상 사람들은 교회의 존재와 기능, 예배의 필요성에 대해 근본적으로 이해하지 못합니다. 예배는 세상과의 타협이나 이해 가운데 유지되지 않습니다. 삼위 하나님의 사역이며, 언약 백성의 (핍박과 손해를 감수한) 믿음의 행위입니다.[20]

셋째, 공예배는 **언약 백성의 일부가 아니라 전체에게 주어진 특권이**

---

18) 이 원리에 대한 보다 상세한 설명으로는 권기현, "제9장. 오직 하나님께 영광!", 『예배 중에 찾아오시는 우리 하나님』, 147~161을 참고하십시오.

19) 고전 1:18, 23.

20) 히 10:25; 계 1:3.

자 의무입니다. 신자의 자녀, 심지어 짝 믿는 가정의 자녀조차 언약 백성입니다.[21] 유아세례를 시행하는 이유는 바로 이 때문입니다.[22]

넷째, 공예배에는 **은혜의 방편**이 시행되어 **표지**가 나타나야 합니다. 이를 위해서는 직분자들의 봉사가 필요합니다. 은혜의 방편은 설교(말씀), 성례, 기도입니다.[23] 이는 개인 성경읽기나 사적 성례, 개인 기도가 아니라 공예배 시에 직분자를 통해 시행하는 구원의 효력 있는 방편을 의미합니다. 이를 위해 주중에도 목사는 설교 준비를, 장로는 심방을, 집사는 구제와 위로의 사역을 합니다. 그러나 이 봉사가 확연히 드러나는 현장은 주일 공예배입니다. 목사의 설교, 장로들의 회(會)가 준비한 성찬, 그리고 집사의 사역을 위한 헌금(연보)이 바로 그것입니다. 이를 통해 교회는 말씀과 권징이라는 열쇠로 천국 문을 열기도 하고 닫기도 합니다.[24] 직분자들의 봉사와 회중의 참여, 은혜의 방편과 표지가 모두 나타나는 유일한 현장이 공예배입니다. 교회는 이를 시행하는 유일한 기관입니다. 대다수 교회가 성찬이나 세례를 매주 시행하지는 않습니다. 그러나 시행할 환경 자체를 제거한 모임은 경건회일 수는 있어도 온전한 의미에서의 공예배는 아닙니다.

다섯째, 공예배는 **그리스도의 몸의 하나 됨**과 깊이 관련되어 있습니다. 그리스도의 몸은 하나입니다. 그러나 놀랍게도, 성경은 그리스도의 몸을 세 가지 측면으로 묘사합니다. 물리적인 몸, 공동체적인 몸(교회), 그리고 상징적인 몸(성찬)이 바로 그것입니다. 부활하신 몸으로 하

---

21) 창 17장; 신 29:11; 고전 7:14; 딤후 3:15; 웨스트민스터 신앙고백서 25:2; 대교리 제62문답; 소교리 제95문답.
22) 웨스트민스터 신앙고백서 28:1, 4; 대교리 제165~166문답; 소교리 제95문답.
23) 대교리 제154문답; 소교리 제88문답.
24) 웨스트민스터 신앙고백서 제30장; 하이델베르크 제83~85문답.

늘 보좌에 좌정하신 그리스도께서는 성령의 사역인 상징적인 몸(성찬)을 통해 땅에 있는 몸(교회)과 연합하십니다.[25] 설교가 공예배의 핵심이라면 성찬은 설교의 꽃이요 공예배의 절정입니다. 성찬은, 교회가 단순히 출석하는 단체가 아니라 **영적인 새 가족**임을 보여줍니다. 동시에 성찬은 공예배가 이 영적 가족이 한 몸임을 확인하는 현장임을 가시화합니다. 유아세례는 어떠합니까? 많은 사람이 이를 단순히 부모의 서약이라고만 생각합니다. 그러나 유아세례는 이 아이를 혈통을 초월한 새 가족으로 받아들이는 직분자들과 온 회중의 공적 서약을 동반합니다. 그러므로 공예배는 하나님과 자신의 지극히 개인적이고도 비밀스러운 만남이 아닙니다. 온 교회가 언약 공동체이자 성령 공동체로서 하나 됨을 확인하는 현장입니다. 수직적 연합과 수평적 연합이라는 신비가 가시화되는 현장입니다.

이상의 모든 내용을 충족하는 유일한 방법은 정한 시간에 한 장소에서 모이는 예배뿐입니다.

(2) 공예배의 순서

성경은 공예배의 여러 가지 요소들을 알려주지만, 정확한 순서를 명시하지 않습니다. 그러나 공예배가 하나님과 그분의 교회(언약 공동체) 사이의 언약 교제 또는 언약 갱신이라는 점이 중요한 실마리가 됩니다. 그래서 예배는 하나님께서 그 백성들에게 하시는 행위와 백성들이 하나님께 하는 행위로 어우러집니다. 예배의 순서는 대체로 다음과 같이 진행됩니다.[26]

---

25) 고전 10:16~17; 참고. 엡 1:10; 2:6.
26) 이에 대한 보다 상세한 설명으로는 권기현, "부록 2. 공예배의 순서와 요소들", 『예배 중에 찾아오시는 우리 하나님』, 168~179를 참고하십시오.

① 개회: 하나님께서 우리를 부르십니다.[27]

② 죄의 공적 고백: 하나님께서 우리를 용서하십니다.[28]

③ 말씀의 봉사: 하나님께서 우리에게 말씀하십니다(듣는 말씀).[29]

④ 성례의 시행: 하나님께서 우리에게 말씀하십니다(보는 말씀).[30]

⑤ 자비의 봉사와 기도: 하나님께서 우리를 돌보십니다.[31]

⑥ 폐회: 하나님께서 우리를 보내십니다.[32]

공예배가 선명하게 시행되고 가르쳐질 때, 성도들은 그 중요성과 가치를 깊이 인식하게 됩니다. 가정예배와 개인 경건의 시간 등 여타 신앙 행위가 이를 대체할 수 없음을 깨닫게 됩니다. '모여서 드리는 예배'가 얼마나 중요한지 알게 됩니다.

피치 못한 사정으로 비상시에 영상을 송출하는 등 비대면으로 예배 순서를 진행하더라도 이를 기존의 '모여서 드리는 예배'와 등가(等價)하거나 공예배를 대체하는 것인 양 가르쳐서는 안 됩니다. 정상적인 공예배가 시행되지 못하는 가운데서도 최선을 다해 경건을 유지하기 위한 노력이라고 설명하는 편이 더 낫습니다. 결핍이 있을 때, 다른 것으로 대체하여 마치 아무런 결핍이 없는 것처럼 말하기보다는 차라리 그 결핍을 깊이 인지하여 하나님께서 채워주시고 회복해주시기를 사모하며 기도하는 편이 더 낫습니다.

---

27) '예배로의 부름(하나님을 부르며 나아감)', '축복의 인사', '영광송', '신앙고백' 등이 포함됩니다.

28) '언약의 말씀(십계명)', '죄의 공적 고백', '사죄의 선포', '감사의 찬송' 등이 포함됩니다.

29) '성경 봉독', '성령의 조명을 위한 기도', '설교', '아멘화답송' 등이 포함됩니다.

30) 이 순서의 핵심은 세례와 성찬입니다.

31) '헌금(봉헌)', '목회의 기도' 등이 포함됩니다.

32) '송영', '복의 선포' 등이 포함됩니다.

3.2. 직분과 관련하여

한국 교회는 직분자로 넘쳐납니다. 세례교인(수찬자) 중 직분자가 아닌 사람보다 직분자의 수가 더 많을 때도 있습니다. 그러나 문제는 그들이 '그 직분을 바르게 이해하며, 그에 합당하게 봉사하고 있는가?'입니다. 직분의 정체성을 분명히 하고 그 직무를 시행할 때, 교회가 질서 있게 건설됩니다. 반역자와 배교자 그리고 이단자를 가려내고, 양무리를 먹이는 진리와 사랑의 공동체로 우뚝 설 수 있습니다.

(1) 목사와 (다스리는) 장로
① 천국 문을 여닫는 권세

하나님께서는 교회에게 천국 문을 여닫는 권세를 주셨습니다. 좀 더 정확히 말하자면, 교회의 직원 특히 '장로들의 회(會)'에게 그 권세를 주셨습니다.

> "1. 주 예수님께서는 자기 교회의 임금이시요 머리로서 국가공직자와는 구별하여 교회 직원들의 손에 치리를 맡기셨다.
> 2. 이 직원들에게 천국의 열쇠를 맡기셨는데, 그들은 이 열쇠로써 정죄하기도 하고 사죄할 수도 있으며, 회개하지 않는 자에게 말씀과 권징으로 천국을 닫고, 회개한 죄인에게는 필요에 따라 복음의 사역과, 권징의 해벌로 천국을 열어 줄 권한을 가진다."(웨스트민스터 신앙고백서 30:1~2)

② 두 종류의 장로
성경은 두 종류의 장로가 있다고 말씀합니다.

"잘 다스리는 장로들을 배나 존경할 자로 알되 말씀과 가르침에 수고
하는 이들을 더할 것이니라"(딤전 5:17)

여기서 "잘 다스리는 장로"는 우리가 일반적으로 말하는 (다스리는) 장
로를 가리킵니다. "말씀과 가르침에 수고하는 이들(장로들)"은 목사를
가리킵니다.[33] 따라서 성경에서 '장로'라는 표현을 사용할 때, 이는 (다
스리는) 장로뿐 아니라 목사를 항상 포함하여 생각해야 합니다.

③ 심방의 직무
사도 바울은 에베소교회 장로들을 밀레도로 불러서 다음과 같이 권
면합니다.

"바울이 밀레도에서 사람을 에베소로 보내어 교회 **장로들**(πρεσβυτέρους,
프레스뷔테루스)을 청하니[17] … 너희는 자기를 위하여 또는 온 양떼를
위하여 삼가라 성령이 저들 가운데 너희로 **감독자**(ἐπισκόπους, 에피스
코푸스)를 삼고 하나님이 자기 피로 사신 교회를 치게 하셨느니라[28] 내
가 떠난 후에 흉악한 이리가 너희에게 들어와서 그 양떼를 아끼지 아
니하며[29] 또한 너희 중에서도 제자들을 끌어 자기를 좇게 하려고 어
그러진 말을 하는 사람들이 일어날 줄을 내가 아노니[30] 그러므로 너
희가 일깨어 내가 삼 년이나 밤낮 쉬지 않고 눈물로 각 사람을 훈계
하던 것을 기억하라[31] 지금 내가 너희를 주와 및 그 은혜의 말씀께 부
탁하노니 그 말씀이 너희를 능히 든든히 세우사 거룩케 하심을 입은

---

33) 이에 대한 보다 상세한 설명으로는 권기현, "제3장. 장로의 종류와 높낮이", 『장로들을 통
해 찾아오시는 우리 하나님: 성경적인 장로교회 건설을 위한 몇 가지 묵상』(경북: R&F,
2020), 59~72를 참고하십시오.

모든 자 가운데 기업이 있게 하시리라$_{32}$"(행 20:17, 28~32)

여기서 바울은 에베소교회의 "장로들(πρεσβυτέρους, 프레스뷔테루스)"(17
절)을 가리켜 "감독자(ἐπισκόπους, 에피스코푸스)"라 부릅니다. 여기서 '감
독(자)'은 '살펴보는 자overseer', '지키는 자guardian/keeper'라는 뜻입니
다. 즉, '장로'는 양무리를 이리떼로부터 지키기 위해 살펴보는 자입니
다. 장로는 이를 위해 '심방pastoral visitation'이라는 직무를 감당해야
합니다. 심방은 목사의 부인이나 여전도사가 아니라 장로에게 맡겨진
직무입니다. 그가 양무리를 심방할 때, 사죄의 은혜가 나타납니다. 연
약한 성도들을 죄에서 건져냅니다.

> "너희 중에 병든 자가 있느냐 저는 교회의 **장로들**을 청할 것이요 그
> 들은 주의 이름으로 기름을 바르며 위하여 기도할찌니라$_{14}$ 믿음의 기
> 도는 병든 자를 구원하리니 주께서 저를 일으키시리라 혹시 죄를 범
> 하였을찌라도 사하심을 얻으리라$_{15}$ 이러므로 너희 죄를 서로 고하며
> 병 낫기를 위하여 서로 기도하라 의인의 간구는 역사하는 힘이 많으
> 니라$_{16}$ 엘리야는 우리와 성정이 같은 사람이로되 저가 비 오지 않기
> 를 간절히 기도한즉 삼 년 육 개월 동안 땅에 비가 아니 오고$_{17}$ 다시
> 기도한즉 하늘이 비를 주고 땅이 열매를 내었느니라$_{18}$ 내 형제들아
> 너희 중에 미혹하여 진리를 떠난 자를 누가 돌아서게 하면$_{19}$ 너희가
> 알 것은 죄인을 미혹한 길에서 돌아서게 하는 자가 그 영혼을 사망에
> 서 구원하며 허다한 죄를 덮을 것이니라$_{20}$"(약 5:14~20)[34]

---

34) 하나님의 말씀 사역자인 엘리야가 떠나자 온 이스라엘이 심판과 저주 아래 놓였습니다.
그가 심판 아래 신음하는 이스라엘을 심방하여 말씀을 선포하고 기도하자 하늘에서 비가
내렸습니다. 엘리야의 이 사역은 장로들의 말씀, 심방, 기도 사역과 관련되어 있습니다.

④ 말씀의 직무

사도 바울은 에베소교회 장로들이 사나운 이리(이단)로부터 양무리를 보호해야 한다고 가르칩니다. 이를 위해 사도인 자신이 삼 년이나 눈물로 훈계한 것을 기억하라고 명령합니다(31절). 이는 감성적인 기억을 의미하는 것이 아닙니다. 사도가 가르친 복음을 기억하여 말씀 사역을 함으로써 이리로부터 양무리를 보호할 수 있다는 뜻입니다(32절).

가르치는 장로인 목사는 특히 이 직무를 위해 전문적인 교육과 훈련을 받은 직분자입니다. 사도 바울이 에베소에서 한 사역은 크게 두 가지로 요약됩니다. 첫째는 말씀 사역(행 19:8~10)이요, 둘째는 누구도 함부로 흉내 낼 수 없는 표적과 기사를 행한 것입니다(행 19:11~12). 그러나 바울은 에베소교회 장로들에게 표적과 기사를 행할 것을 명하지 않고, 자신이 한 말씀 사역을 기억하여 그 복음을 전할 것을 명합니다.

> "그러므로 너희가 일깨어 내가 삼 년이나 밤낮 쉬지 않고 눈물로 각
> 사람을 훈계하던 것을 기억하라₃₁ 지금 내가 너희를 주와 및 그 은혜
> 의 말씀께 부탁하노니 그 말씀이 너희를 능히 든든히 세우사 거룩케
> 하심을 입은 모든 자 가운데 기업이 있게 하시리라₃₂"(행 20:31~32)

목사는 사도들이 전한 것과 같은 복음을 설교하고 가르쳐야 합니다. (다스리는) 장로들은 이 설교와 가르침 가운데 양무리가 자라고 있는지 확인하기 위해 심방해야 합니다. 이를 통해 '장로들의 회(會)'는 말씀 사역에 동역합니다.

이는 죽음을 앞둔 사도 바울이 선교사요 목사인 디모데에게 명한 내

이에 대한 보다 상세한 설명으로는 권기현, "제9장. 장로들을 통해 찾아오시는 우리 하나님 3: 엘리야와 야고보서의 실례", *같은 책*, 159~171을 참고하십시오.

용과 일치합니다.

> "모든 성경은 하나님의 감동으로 된 것으로 교훈(διδασκαλίαν, 디다스칼리안)과 책망과 바르게 함과 의로 교육하기에 유익하니16 이는 하나님의 사람으로 온전케 하며 모든 선한 일을 행하기에 온전케 하려 함이니라17 하나님 앞과 산 자와 죽은 자를 심판하실 그리스도 예수 앞에서 그의 나타나실 것과 그의 나라를 두고 엄히 명하노니1 너는 말씀을 전파하라(κήρυξον, 케뤽쏜) 때를 얻든지 못 얻든지 항상 힘쓰라 범사에 오래 참음과 가르침으로 경책하며 경계하며 권하라2 때가 이르리니 사람이 바른 교훈을 받지 아니하며 귀가 가려워서 자기의 사욕을 좇을 스승을 많이 두고3 또 그 귀를 진리에서 돌이켜 허탄한 이야기를 좇으리라4"(딤후 3:16~4:4)

딤후 3:16은 개인 경건의 시간(Q.T.)을 뜻하는 것이 아니라 목사인 디모데의 직무를 구체적으로 설명한 것입니다. 목사인 디모데는 "교훈(교리)", "책망", "바르게 함(교정)", "교육"을 통해 교회를 말씀으로 먹입니다. 그럴 때, 그는 이 직무를 맡은 "하나님의 사람"35으로 온전하게 됩니다. 딤후 4:2의 "말씀을 전파하라"는 노방전도가 아니라 디모데의 설교 사역을 뜻합니다.36 그는 "말씀을 설교"(2절)함으로 이단 사설로부터 교회를 보호하고 돌이킵니다(3~4절).

---

35) "하나님의 사람"(딤후 3:17; 참고. 딤전 6:11)은 모세, 엘리야, 엘리사 등 특히 선지자들을 호칭하는 구약성경의 숙어입니다. 이는 디모데가 말씀 사역자로서 이 직무를 수행하고 있음을 의미합니다.

36) 대교리 제159문답은 이 본문을 인용하여 목사의 설교 사역으로 설명합니다. 딤후 4:1~4에 대한 보다 상세한 주해와 설명으로는 권기현, "제2장 말씀을 전파하라", 『선교, 교회의 사명: 성경적인 선교를 생각하다』 (경북: R&F, 2012), 30~50을 참고하십시오.

필자를 포함한 목사들은 이 부분에서 자성해야 합니다. 교인들이 교회를 떠나거나 옮기는 이유 중 꽤 큰 비중은 COVID-19 때문이 아니라 목사의 설교 때문입니다. 성경대로 설교하는 교회의 강단으로부터 생명수 강이 흘러나와 언약 백성들을 적십니다. 그들을 치료하고 회복합니다. 목사는 COVID-19의 상황을 걱정하는 것 이상으로 설교 준비와 선포에 힘써야 합니다. 설교는 Q.T.가 아닙니다. 설교는 성경을 읽고 느낀 감상문이 아닙니다. **하나님 아버지께서 설교를 통해 말씀**하십니다. **그리스도께서 설교의 내용**이십니다. **성령께서 언약 백성들의 스승**이 되어 설교를 깨닫게 하십니다. 설교는 삼위일체 하나님께서 그분의 양무리를 지금도 사랑하며 돌보고 계심을 가장 잘 보여주는 현장입니다. 목사가 도덕·윤리를 전하는 교회는 도덕·윤리적으로 타락합니다. 목사가 복음을 전하는 교회에 회심과 중생이 발생하며, 그 설교를 듣는 사람이 죄로부터 회복됩니다. 한국 교회의 윤리적 회복은 복음 설교에서부터 시작되어야 마땅합니다.

⑤ 출입(出入)이 분명한 교회

사도 바울은 에베소교회 장로들에게 이리로부터 양무리를 보호할 사명을 상기시켰습니다. 이를 위해서는 사도가 전한 말씀을 기억하여 가르쳐야 합니다. 그리고 그 말씀으로 양무리를 돌봐야 합니다. 바울이 이토록 간곡하게 권면한 이유는 분명합니다. 사탄은 교회의 열린 문으로 언제든지 거짓 사도, 거짓 교사들을 잠입시키기 때문입니다. 사탄은 자신을 광명의 천사로 가장합니다. 사탄의 일군들도 의의 일군으로 가장합니다.

"저런 사람들은 거짓 사도요 궤휼의 역군이니 자기를 그리스도의 사도로 가장하는 자들이니라₁₃ 이것이 이상한 일이 아니라 사단도 자기를 광명의 천사로 가장하나니₁₄ 그러므로 사단의 일군들도 자기를 의의 일군으로 가장하는 것이 또한 큰일이 아니라 저희의 결국은 그 행위대로 되리라₁₅"(고후 11:13~15)

바울이 장로들의 사역을 이토록 강조한 이유는 이미 사도 시대부터 이단의 미혹이 발생하고 있었기 때문입니다. 아래의 성경 구절들을 살펴보십시오.

고린도교회가 용납한 이단:
"만일 누가 가서 우리의 전파하지 아니한 다른 예수를 전파하거나 혹 너희의 받지 아니한 다른 영을 받게 하거나 혹 너희의 받지 아니한 다른 복음을 받게 할 때에는 너희가 잘 용납하는구나"(고후 11:4)

갈라디아 지역의 여러 교회들이 용납한 이단:
"그리스도의 은혜로 너희를 부르신 이를 이같이 속히 떠나 다른 복음 좇는 것을 내가 이상히 여기노라₆ 다른 복음은 없나니 다만 어떤 사람들이 너희를 요란케 하여 그리스도의 복음을 변하려 함이라₇"(갈 1:6~7)

데살로니가교회에 잠입한 이단[37]:
"혹 영으로나 혹 말로나 혹 우리에게서 받았다 하는 편지로나 주의 날이 이르렀다고 쉬 동심하거나 두려워하거나 하지 아니할 그것이

---

37) 특히 이들은 사도 바울이 쓰지도 않은 위조문서를 가져와 보였습니다. 이는 바울이 데살로니가후서를 친필로 써서 서명하여 보내게 된 배경이 되었습니다(살후 3:17).

라"(살후 2:2)

디모데가 사역하는 교회에 잠입한 이단:
"저희 중에 남의 집에 가만히 들어가 어리석은 여자를 유인하는 자들이 있으니 그 여자는 죄를 중히 지고 여러 가지 욕심에 끌린바 되어6 항상 배우나 마침내 진리의 지식에 이를 수 없느니라7"(딤후 3:6~7)

순례 설교자로 가장하여 요한이서 수신자들에게 접근한 이단:
"누구든지 이 교훈을 가지지 않고 너희에게 나아가거든 그를 집에 들이지도 말고 인사도 말라10 그에게 인사하는 자는 그 악한 일에 참예하는 자임이니라11"(요이 10~11)

버가모교회에서 세력을 형성한 이단:
"그러나 네게 두어 가지 책망할 것이 있나니 거기 네게 발람의 교훈을 지키는 자들이 있도다 발람이 발락을 가르쳐 이스라엘 앞에 올무를 놓아 우상의 제물을 먹게 하였고 또 행음하게 하였느니라14 이와 같이 네게도 니골라당의 교훈을 지키는 자들이 있도다15"(계 2:14~15)

두아디라교회에서 강력한 세력을 구축한 이단:
"그러나 네게 책망할 일이 있노라 자칭 선지자라 하는 여자 이세벨을 네가 용납함이니 그가 내 종들을 가르쳐 꾀어 행음하게 하고 우상의 제물을 먹게 하는도다"(계 2:20)

이 때문에 개체교회 '장로들의 회(會)'인 '당회'의 사역은 실로 막중합니다. 목사뿐 아니라 (다스리는) 장로들 역시 말씀과 교리에 정통해야 합니다.[38] 목사와 (다스리는) 장로들은 COVID-19 상황으로 출석 수가 줄어들 때, 교회의 출입(出入) 기준을 성경이 말씀하는 것보다 좀 더 느슨하게 하려는 유혹을 받습니다. 그러나 오히려 이럴 때일수록 교회는 출입을 분명히 해야 합니다. 등록(등록 교육 포함), 이명, 세례, 성찬, 혼인[39], 장례[40], 권징 등 명부 정리를 분명히 해야 합니다. 누군가 타 교회에서 본 교회로 옮길 때는 이전 교회에서의 신앙생활을 확인해야 합니다. 교회의 출입이 선명하면 공예배와 성찬 참여가 얼마나 큰 특권인지 교인들이 실감합니다.

(2) 집사

예루살렘 초대교회는 궁핍한 성도들이 구제 대상에서 제외되지 않게 하려고 일곱 분의 직분자를 세웠습니다. 이분들이 오늘날의 집사와는 차이가 있으나,[41] 집사의 기원이 된 것은 분명합니다.

"그때에 제자가 더 많아졌는데 헬라파 유대인들이 자기의 과부들이 그 매일 구제에 빠지므로 히브리파 사람을 원망한대₁ 열두 사도가 모든 제자를 불러 이르되 우리가 하나님의 말씀을 제쳐놓고 공궤를 일삼는 것이 마땅치 아니하니₂ 형제들아 너희 가운데서 성령과 지혜가

---

38) 각 노회의 장로고시 과목에 교리, 교회정치, 예배지침이 포함된 이유가 바로 여기에 있습니다.

39) 혼인은 자주 교회 이동을 동반합니다.

40) 장례는 교인 명부에서 이름을 삭제하는 조건 중 하나입니다.

41) 이에 대해서는 권기현, 『선교, 교회의 사명』, 33~34, 각주 1); 『장로들을 통해 찾아오시는 우리 하나님』, 63~64, 각주 4); 『목사님, 정말 유아세례를 받아야 하나요?: 성경적인 유아세례를 위한 몇 가지 묵상』(경북: R&F, 2021), 198~199, 각주 6)을 참고하십시오.

충만하여 칭찬 듣는 사람 일곱을 택하라 우리가 이 일을 저희에게 맡기고₃ 우리는 기도하는 것과 말씀 전하는 것을 전무하리라 하니₄ 온 무리가 이 말을 기뻐하여 믿음과 성령이 충만한 사람 스데반과 또 빌립과 브로고로와 니가노르와 디몬과 바메나와 유대교에 입교한 안디옥 사람 니골라를 택하여₅ 사도들 앞에 세우니 사도들이 기도하고 그들에게 안수하니라₆ 하나님의 말씀이 점점 왕성하여 예루살렘에 있는 제자의 수가 더 심히 많아지고 허다한 제사장의 무리도 이 도에 복종하니라₇"(행 6:1~7)

이 일곱 분이 구제를 담당하고 사도들이 말씀 사역에 전념한 결과, "예루살렘에 있는 제자의 수가 더 심히 많아지고 허다한 제사장의 무리도 이 도에 복종"했습니다(7절). 교회의 직분과 직무가 질서 있게 세워지자, 선교와 전도의 열매가 맺어졌습니다. 이는 실로 놀라운 일입니다. 오늘날 그리스도인들은 직분과 선교를 별개로 생각하는 경향이 있기 때문입니다.

사도 바울은 로마교회에 은사를 설명하면서 다음과 같이 전합니다.

"혹 권위하는 자면 권위하는 일로, **구제하는**(μεταδιδούς, 메타디두스)[42] **자**는 성실함으로, 다스리는 자는 부지런함으로, **긍휼을 베푸는**(ἐλεῶν, 엘레온)[43] **자**는 즐거움으로 할 것이니라"(롬 12:8)

개혁자 칼빈은 이 구절의 "구제하는 자"와 "긍휼을 베푸는 자"를 집

---

42) 헬라어 동사 'μεταδίδωμι(메타디도미)'는 '나누어주다(impart)', '공유하다(share)'는 뜻입니다.
43) 헬라어 동사 'ἐλεέω(엘레오)'는 '긍휼히/불쌍히 여기다(have mercy/pity)'는 뜻입니다.

사의 사역으로 설명했습니다. 전자는 연보 또는 헌물을 궁핍한 자들에게 분배하는 사역으로, 후자는 질병이나 낙심 등 어려움을 겪는 자들을 돌보는 사역으로 설명했습니다.

COVID-19 상황 가운데 교회에서 가장 바쁘게 활동해야 할 사람이 누구일까요? 집사입니다. COVID-19로 인해 자영업자는 물론이고 재정적인 어려움을 겪는 사람이 많이 발생하고 있습니다. 집사는 이들에게 분배하는 사역을 해야 합니다. 위생수칙과 방역을 가볍게 여기는 바람에 감염되는 일이 없도록 주의해야 하지만, 한국 교회의 COVID-19 확진자 대부분은 자신의 의지와는 무관하게 감염된 사람들입니다. 이들로 인해 교회가 피해를 보았다며 함부로 정죄해서는 안 됩니다. 오히려 집사들이 이들을 살피고 돌보며, 회복하고 위로해야 합니다. 죄와 무관한 죄책감에 시달리지 않도록 그들의 마음을 어루만져야 합니다. 그와 함께, 집사들은 탐욕과 이기심으로 자신의 재물을 내놓기 싫어하는 이들을 책망하여 돌이키는 일도 해야 합니다. 세상 사람들은 사재기를 통해 자신을 보호하지만, 집사들은 나눔과 베풂을 통해 하나님의 양들을 보호합니다. 집사들의 이 위로 사역은 '장로들의 회(會)'와 긴밀한 협력관계에 있습니다.

> "범사에 너희(저자 주 : 에베소교회의 장로들)에게 모본을 보였노니 곧 이같이 수고하여 **약한 사람들을 돕고** 또 주 예수의 친히 말씀하신바 **주는 것이 받는 것보다 복이 있다** 하심을 기억하여야 할찌니라"(행 20 : 35)

이 구절에서 "약한 사람들을 돕고"와 "주는 것"에는 에베소교회 장로들의 모범된 삶이 포함될 것입니다(참고. 딤전 3:2~3; 딛 1:7~8; 벧전 5:2). 그러나 이를 단순히 개인적인 삶으로만 보기보다는 양무리를 말씀으로 돌보는 '장로들의 회'가 그들을 구제하고 위로하는 '집사회'와 긴밀하게 협력해야 한다는 의미로 이해해야 합니다.

IV. 결론

COVID-19로 인해, 한국 교회는 이제까지 겪어보지 못한 큰 어려움에 직면했습니다. 그러나 동시에 이는 우리의 공예배와 직분의 중요성과 가치를 다시 생각하고 회복할 기회이기도 합니다. 이 어려움은 외부로부터 시작했으나, 회복은 내부로부터 시작되어야 합니다. 성경과 신앙고백의 가르침에 따라 공예배와 직분의 봉사를 든든히 할 때, 교회의 내구성이 회복되며 양들의 영혼이 치유됩니다. 이를 통해 하나님께서 악한 자들을 내쫓으시고, 그분의 백성을 보호하십니다.

부록 3

성경 속의 '열둘(12)'과 그에 파생된 이미지들

부록 3

성경 속의 '열둘(12)'과 그에 파생된 이미지들

"이때에 예수께서 기도하시러 산으로 가사 밤이 맞도록 하나님께 기도하시고₁₂ 밝으매 그 제자들을 부르사 그중에서 열둘을 택하여 사도라 칭하셨으니₁₃ 곧 베드로라고도 이름 주신 시몬과 및 그 형제 안드레와 및 야고보와 요한과 빌립과 바돌로매와₁₄ 마태와 도마와 및 알패오의 아들 야고보와 및 셀롯이라 하는 시몬과₁₅ 및 야고보의 아들 유다와 및 예수를 파는 자 될 가룟 유다라₁₆"(눅 6:12~16; 참고. 마 10:1~4; 막 3:13~19)

"아담이 일백삼십 세에 자기 모양 곧 자기 형상과 같은 아들을 낳아 이름을 셋이라 하였고"(창 5:3)

"바로가 야곱에게 묻되 네 연세가 얼마뇨₈ 야곱이 바로에게 고하되 내 나그네 길의 세월이 일백삼십 년이니이다 나의 연세가 얼마 못되니 우리 조상의 나그네 길의 세월에 미치지 못하나 험악한 세월을 보내었나이다 하고₉ 야곱이 바로에게 축복하고 그 앞에서 나오니라₁₀"(창 47:8~10)

I. 서론

성경은 상징symbol과 이미지imagery를 자주 사용합니다. 그중에는 숫자도 포함됩니다. 이를 대하는 양극단이 있습니다. 한쪽에는 이를 과도한 풍유allegory와 유사한 것으로 간주하여 무시해버리는 사람들이 있습니다. 이런 사람들은 구속사의 진전에 발맞추는 모형론적 암시

typological implication와 상승synergy의 풍성한 의미를 과소평가합니다. 다른 한쪽에는 상징과 이미지를 일종의 암호code나 부호cipher처럼 접근하는 사람들이 있습니다. 마치 비밀번호password를 치기만 하면 로그인login이 되는 것처럼, 그들은 성경의 어떤 숫자, 단어, 어휘가 있는 자리에 정답을 대입합니다. 그렇게 하면 성경이 해석되는 것처럼 말입니다.

그러나 성경의 상징과 이미지는 위의 두 부류가 생각하는 것과 다릅니다. 이는 마치 수십 개의 단면으로 세공한 다이아몬드와 비슷합니다. 각 단면이 반사하는 빛의 명암, 방향, 색조, 그리고 분위기가 조금씩 다릅니다. 그래서 각각의 문맥에 따라, 더 크게는 구속사의 진전에 따라 그 의미가 다양하게 변화합니다. 서로 다른 각 단면이 합쳐 한 개의 다이아몬드를 구성합니다. 각기 나름의 다양성variety을 가지지만, 그 전체는 일관성consistency과 통일성unity을 유지하는 한 개의 보석입니다.

성경 속의 상징과 이미지는 수십 개의 진주를 하나로 꿰어 목에 걸고 있는 진주 목걸이와 비슷합니다. 각각의 진주는 서로 다른 모양과 크기, 서로 다른 빛깔과 색조를 띕니다. 같은 종류의 보석이지만, 개별적으로는 서로 다릅니다. 이 진주들을 실이나 줄로 꿰면 더 큰 한 개의 상품이 됩니다. 아름다운 진주 목걸이가 되어 여인의 목에 걸립니다. 성경의 상징과 이미지는 이런 방식의 다양성과 통일성을 갖고 있습니다.

II. 성경의 상징적인 수

이 글에서 다룰 주제는 **"성경 속의 '열둘(12)'과 그에 파생된 이미지들"**입니다. (언제나 그런지는 단언하기 힘들지만) 성경에서 숫자는 자주 상징적인 의미나 이미지를 내포합니다.

2.1. '일곱(7)'

예를 들어, '일곱(7)'은 히브리어 'שְׁבוּעָה(셔부와)' 또는 'שֶׁבַע(쉐바)'인데, 이는 자주 **'맹세/서약oath'**을 의미하기도 합니다. 하나님과 백성, 왕과 백성, 또는 백성과 백성 사이에 자주 **맹세/서약하여 언약을 체결**했습니다. 맹세는 언약이 효력을 발휘하게 하며, 유지하게 하는 중요한 수단입니다. 히브리서 기자는 '맹세'를 다음과 같이 규정합니다.

> "사람들은 자기보다 더 큰 자를 가리켜 맹세하나니 맹세는 저희 모든
> 다투는 일에 최후 확정이니라"(히 6:16)

성경에서 '일곱(7)'이 자주 등장하는 것은 이와 무관하지 않습니다. '일곱'은 **언약과 관련한 완전수**입니다. 신약성경 중 계시록이 일곱을 무더기로 사용하는 것을 우연이라고 생각할 사람은 아무도 없을 것입니다. "일곱 영", "일곱 등불", "일곱 눈", "일곱 촛대", "일곱 별", "일곱 교회", "일곱 인", "일곱 나팔", "일곱 대접" 등이 단순히 우연일 뿐이라고 누가 감히 말하겠습니까?

안식일은 육일간의 천지창조 다음날, 즉 일곱째 날입니다. 안식은 언약의 목표이자 복의 절정입니다. '칠칠절(오순절, 맥추절)'은 유월절 후 칠일의 제곱(7^2, 7×7)이 지난 다음 날입니다. 유월절이 애굽의 누룩을 제거한 해방과 자유와 구원을 상징한다면, 칠칠절은 이스라엘이 율법이라는 새 누룩으로 가득 채워진 모습을 상징합니다. 유월절은 구원의 시작이며, 칠칠절은 구원의 절정입니다. 유월절 어린양 예수 그리스도께서는 자신의 십자가 죽음과 부활로 구원하신 백성에게 칠칠절(오순

절)에 성령을 부어주셨습니다.

안식년은 안식일의 확장판입니다. 이때 언약 백성들의 신분과 지위와 특권이 회복됩니다. 일곱 해의 제곱(7^2, 7×7)이 지난 다음 해, 즉 오십 년째에 맞이하는 희년Jubilee은 칠칠절의 확장판입니다. 큰 안식년입니다. 하나님과 언약 백성들 사이에 무너지고 깨어진 모든 관계가 회복됩니다. 그러니 희년은 안식이 최고조에 달하는 해입니다.

2.2. '사십(40)'

'사십(40)' 역시 성경에 자주 등장하는 수입니다. 모세의 나이 사십 세, 모세와 엘리야의 사십 일 금식, 열두 정탐꾼의 사십 일 정탐, 사십 년 광야 생활, 예수님의 사십 일 금식 등 다양합니다. 성경에서 '사십'은 특히 **정해진 기간의 완전수**로 자주 사용됩니다.

오늘날 '일곱(7)'과 '사십(40)'을 아무런 의미 없는 수로 보는 사람은 거의 없습니다. 그렇다면 이에 못지않게 성경에 자주 등장하는 '열둘(12)'과 이에 파생된 여러 가지 수 역시 아무런 의미 없는 것으로 치부할 수 없습니다.

III. '열둘(12)'의 상징과 이미지

3.1. '열두(12) 아들'과 '열두(12) 지파'

'열둘(12)'은 성경의 단골 메뉴입니다. 이스라엘과 관련하여, 이 수가 구속사 가운데 중요한 의미를 지니기 시작한 것은 밧단아람으로 간 야곱이 열두 아들을 낳은 때부터입니다.[1] 구약성경을 아는 사람 중 '열둘 (12)'이라는 수를 들을 때, 야곱의 열두 아들과 이스라엘 열두 지파를 떠올리지 않을 사람은 없을 것입니다. 가나안 땅을 탐지하러 간 열두 정탐꾼 역시 열두 지파의 대표였습니다. 구약성경에서 이 수가 중요하게 사용될 때는 대부분 열두 지파와 밀접한 관련이 있습니다. 이런 의미에서 볼 때, '**열둘(12)**'은 **이스라엘의 완전수**라고 할 수 있습니다. '일곱(7)'이 언약의 완전수라면, '**열둘(12)**'은 **언약 백성의 완전수**라고 할 수 있습니다.

3.2. '열두(12) 사도'

예수님을 따르는 제자들이 많이 있었습니다. 그런데 어느 날, 예수님께서는 그 제자 중 열두 명만 택하여 세우시고 그들에게 "사도"라는 호칭을 주셨습니다.

> "이때에 예수께서 기도하시러 산으로 가사 밤이 맞도록 하나님께 기도하시고[12] 밝으매 그 제자들을 부르사 그중에서 열둘을 택하여 사도라 칭하셨으니[13] 곧 베드로라고도 이름 주신 시몬과 및 그 형제 안드레와 및 야고보와 요한과 빌립과 바돌로매와[14] 마태와 도마와 및 알패오의 아들 야고보와 및 셀롯이라 하는 시몬과[15] 및 야고보의 아들 유다와 및 예수를 파는 자 될 가룟 유다라[16]"(눅 6:12~16; 참고. 마 10:1~4; 막 3:13~19)

---

1) 물론 그 전에, 하나님께서는 아브라함에게 이스마엘이 열두 방백의 조상이 될 것을 예언하셨습니다. 그러나 이때 '열둘(12)'의 의미는 매우 암시적이었습니다.
   "이스마엘에게 이르러는 내가 네 말을 들었나니 내가 그에게 복을 주어 생육이 중다하여 그로 크게 번성케 할찌라 그가 열두 방백을 낳으리니 내가 그로 큰 나라가 되게 하려니와[20] 내 언약은 내가 명년 이 기한에 사라가 네게 낳을 이삭과 세우리라[21]"(창 17:20~21)

① 사도를 지명하여 세우시기 전, 예수님께서는 밤새 하나님께 기도하셨습니다(12절). 즉, 열두 사도를 부르는 것은 아버지의 뜻이었습니다.

② 예수님께서는 자신이 원하는 사람 열둘을 세우셨습니다(참고. 막 3:13~14[2]). 즉, 열두 사도를 부르신 것은 예수님 자신의 뜻이었습니다.

③ 예수님께서는 실제로 열두 명을 세우셨습니다(13절).

④ 예수님께서는 이 열두 명에게 "사도"라는 호칭을 수여하셨습니다(13절).

⑤ 예수님께서 승천하신 후, 가룟 유다를 대신할 사도를 제비 뽑아 세웁니다(행 1:21~26). 이는 분명 '열둘(12)'이라는 수를 채우기 위해서입니다.

⑥ 고린도전서에서 바울은, 부활하신 예수님께서 게바(베드로)에게 나타나신 후에 열두 제자에게 나타나셨다고 말씀합니다(고전 15:5[3]). 이때는 예수님께서 승천하기 전이었으며, 맛디아가 사도로 선택되기 전이었습니다. 즉, 열한 사도밖에 없을 때입니다. 그런데도 바울은 고린도전서에서 '열둘(12)'이라는 수를 강조한 것입니다.

이상의 모든 내용이 가리키는 과녁은 단 하나입니다. 예수님은 새 이스라엘을 일으키십니다. 그분은 새 야곱입니다. 야곱의 다른 이름으로 표현하면, 그분은 새 이스라엘이십니다. 그리고 열두 사도는 새 이스라엘이 될 교회의 열두 족장입니다. 열두 명의 사도 지명은 새 이스라엘 공동체, 즉 신약 교회가 건설될 것에 대한 분명한 예고입니다. 즉, 여기서도 **'열둘(12)'은 이스라엘의 완전수 또는 언약 백성의 완전수를 의미합니다.**

---

2) "또 산에 오르사 자기의 원하는 자들을 부르시니 나아온지라13 이에 열둘을 세우셨으니 이는 자기와 함께 있게 하시고 또 보내사 전도도 하며14 귀신을 내어쫓는 권세도 있게 하려 하심이러라15"(막 3:13~15)

3) "게바에게 보이시고 후에 열두 제자에게와"(고전 15:5)

3.3. 계시록의 '십사만 사천(144,000)'

계시록에서, 이 '열둘(12)'은 좀 더 확장되고 응용된 수로 나타납니다. 이른바, **'십사만 사천(144,000)'**입니다.

"내가 인 맞은 자의 수를 들으니 이스라엘 자손의 각 지파 중에서 인 맞은 자들이 **십사만 사천**이니"(계 7:4)

"또 내가 보니 보라 어린 양이 시온산에 섰고 그와 함께 **십사만 사천**이 섰는데 그 이마에 어린 양의 이름과 그 아버지의 이름을 쓴 것이 있도다₁ 내가 하늘에서 나는 소리를 들으니 많은 물소리도 같고 큰 뇌성도 같은데 내게 들리는 소리는 거문고 타는 자들의 그 거문고 타는 것 같더라₂ 저희가 보좌와 네 생물과 장로들 앞에서 새 노래를 부르니 땅에서 구속함을 얻은 **십사만 사천** 인 밖에는 능히 이 노래를 배울 자가 없더라₃"(계 14:1~3)

계시록에 등장하는 "십사만 사천"은 '열둘'이 중복으로 사용된 수입니다.

① 이들은 이스라엘 '열두 지파' 중에 인 맞은 자입니다(계 7:4).
② 이 수는 이스라엘 각 지파 중에 인 맞은 자 '일만 이천(12,000)' 명을 모두 합한 수, 즉 '일만 이천'의 '열두 배'입니다(참고. 계 7:5~8).
③ '144,000'은 수학적으로도 완벽한 수인데, '$12^2 \times 10^3$'입니다.

여기서도 이스라엘의 완전수 또는 언약 백성의 완전수 개념이 나타납니다.

3.4. 모세의 나이 '일백이십(120)' 세

'십사만 사천(144,000)'보다는 좀 더 암시적이긴 하지만, **'일백이십(120)'** 역시 '열둘(12)'이 확장된 수입니다. 이스라엘 열두 지파의 기원은 야곱의 열두 아들이지만, 이스라엘 열두 지파가 세상 가운데 확연히 드러나기 시작한 때는 출애굽 이후입니다. 모세는 지파별로 인구 조사를 시행합니다(민수기 1장; 26장). 성막을 중심으로 동서남북으로 열두 개의 진을 치게 합니다. 광야 생활 중에도 이스라엘은 각 지파별로 행군합니다. 그러니 모세가 이스라엘을 통솔하면서 '열둘(12)'이라는 수는 비로소 이스라엘 자신과 온 세상 가운데 충만하게 드러났다고 볼 수 있습니다.

그런데 이스라엘 열두 지파를 인도한 모세는 **'일백이십(120)'** 세까지 살았습니다.

> "모세의 죽을 때 나이 **일백이십 세**나 그 눈이 흐리지 아니하였고 기
> 력이 쇠하지 아니하였더라"(신 34:7)

죽을 때 나이가 '일백이십(120)' 세였으나, 모세의 눈이 흐리지 않았으며, 기력도 쇠하지 않았습니다. 여기서 "눈이 흐리지 아니하였다"는 표현은 지혜와 분별력이 뛰어났다는 의미를 내포합니다. 그는 죽을 때까지 하나님의 사역자로서 손색없이 활약했다는 뜻입니다.[4] 그래서 신명기는 모세를 대하여 이렇게 평가합니다.

> "그 후에는 이스라엘에 모세와 같은 선지자가 일어나지 못하였나니

---

4) 물론 그 역시 추한 죄인임이 틀림없습니다. 이 모든 것은 하나님의 값없는 은혜입니다.

모세는 여호와께서 대면하여 아시던 자요[10] 여호와께서 그를 애굽 땅
에 보내사 바로와 그 모든 신하와 그 온 땅에 모든 이적과 기사와[11]
모든 큰 권능과 위엄을 행하게 하시매 온 이스라엘 목전에서 그것을
행한 자더라[12]"(신 34:10~12)

그는 구약 시대 그 누구와도 비견될 수 없는 선지자, 즉 구약 시대
전체에서 독보적인 인물입니다. 이 10~12절은 모세의 나이, 지혜와
분별력, 그리고 기력을 설명하는 7절과 문맥적으로 연결되어 있습니
다. 한 마디로 모세는 하나님의 종servant으로서 신실하고 능력 있게
사역했다는 뜻입니다. 모세는 이스라엘 열두 지파의 본mold이자 모델
model과 같은 인물입니다. 물론 이런 모세조차 더 큰 출애굽을 가져오
실 새 모세에 비하면 보잘것없는 미천한 죄인이지만 말입니다. 이런
의미에서 볼 때, **모세의 나이 '일백이십(120)'은 이스라엘 열두 지파 전
체의 요약**encapsulation**과도 같습니다. 그는 장차 오실 새 모세, 새 이스
라엘을 총괄갱신**recapitulation**할 예수 그리스도의 작은 그림자입니다.**

3.5. 다락방에 모인 '일백이십(120)' 명

'일백이십(120)'의 이미지는 사도행전 1장에서도 나타납니다.

"모인 무리의 수가 한 **일백이십 명**이나 되더라 그때에 베드로가 그
형제 가운데 일어서서 가로되"(행 1:15)

이들은 오순절 성령 강림으로 말미암아 출범할 새 이스라엘의 첫 구
성원들입니다. '열한(11)' 명으로 줄어든 사도가 '열둘(12)'로 회복됨으로
써, 열두 사도를 포함한 일백이십 명의 회원들은 부활·승천하신 **예수**

그리스도의 새 백성, 새 언약 공동체의 충만함fullness을 상징적으로 보여줍니다.

3.6. 신약성경에서 '열둘(12)'의 다양한 등장과 이미지

이상의 내용을 생각한다면, 신약성경에서 그냥 슬쩍 지나가듯 언급하는 '열둘(12)'에 대해 별 의미 없다고 우리가 함부로 단정할 수 있을까요?

> "하늘에 큰 이적이 보이니 해를 입은 한 여자가 있는데 그 발 아래는
> 달이 있고 그 머리에는 열두 별의 면류관을 썼더라₁ ⋯ 여자가 아들
> 을 낳으니 이는 장차 철장으로 만국을 다스릴 남자라 그 아이를 하나
> 님 앞과 그 보좌 앞으로 올려가더라₅"(계 12:1, 5)

요한이 본 환상 가운데 등장하는 이 여자는 **'옛 언약 시대의 참 교회'**입니다. 그에게서 '장차 철장으로 만국을 다스릴 남자'(5절), 즉 예수 그리스도께서 탄생하시기 때문입니다. 이 여자는 머리에 **'열두 별의 면류관'**을 썼습니다. 그 의미를 상세히는 알 수 없다 하더라도, 우리는 이 '열두 별'이 옛 언약 시대의 참 이스라엘, 즉 언약 백성의 완전수임을 직감할 수 있습니다.

그리스도께서는 신실한 참 교회인 어머니로부터 탄생하여 큰 용, 옛 뱀, 마귀, 사탄에게 승리하셨습니다(계 12:7~9⁵). 갈라디아 지역의 여러

---

5) "하늘에 전쟁이 있으니 미가엘과 그의 사자들이 용으로 더불어 싸울쌔 용과 그의 사자들
도 싸우나₇ 이기지 못하여 다시 하늘에서 저희의 있을 곳을 얻지 못한지라₈ 큰 용이 내어
쫓기니 옛 뱀 곧 마귀라고도 하고 사단이라고도 하는 온 천하를 꾀는 자라 땅으로 내어 쫓
기니 그의 사자들도 저와 함께 내어 쫓기니라₉"(계 12:7~9)

교회 성도들도 어머니인 교회로부터 물과 성령으로 다시 태어났습니다. 그들은 거짓 복음을 전하는 거짓 교사들과 그 추종자들을 출교함으로 승리해야 합니다. 우리 역시 그렇습니다.

> "오직 위에 있는 예루살렘은 자유자니 곧 우리 어머니라26 기록된바 잉태치 못한 자여 즐거워하라 구로치 못한 자여 소리 질러 외치라 이는 홀로 사는 자의 자녀가 남편 있는 자의 자녀보다 많음이라 하였으니27 형제들아 너희는 이삭과 같이 약속의 자녀라28 그러나 그때에 육체를 따라 난 자가 성령을 따라 난 자를 핍박한 것같이 이제도 그러하도다29 그러나 성경이 무엇을 말하느뇨 계집종과 그 아들을 내어쫓으라 계집종의 아들이 자유하는 여자의 아들로 더불어 유업을 얻지 못하리라 하였느니라30 그런즉 형제들아 우리는 계집종의 자녀가 아니요 자유하는 여자의 자녀니라31"(갈 4:26~31)

예수님께서 회당장 야이로의 죽은 딸을 살려주신 일이 있습니다. 야이로의 집으로 가는 길에 마치 액자소설 같은 일이 발생합니다. 혈루증으로 고생하던 여인 하나가 예수님의 겉옷 가를 만지자 병이 낫습니다. 여자는 이 불치병으로 인해 무려 **"열두 해"**나 고생하는 중이었습니다. 야이로의 집에 도착하신 예수님께서 그의 죽은 딸을 살리십니다. 살아난 이 딸의 나이는 **"열두 살"**입니다(참고. 마 9:18~26; 막 5:21~43; 눅 8:40~55). 동 시간대에 겹쳐서 발생한 이 두 사건에서 질병과 죽음의 포로가 된 두 여자는 모두 '열둘(12)'과 관련되어 있습니다. 한 사람은 계속 피를 흘리므로 언제나 부정합니다. 다른 한 사람은 죽어 시신이 되었으므로 부정합니다. **'열두 해'**와 **'열두 살'**이 이 사건의 핵심 주제는 아니라 해도 그 의미 자체를 과소평가해서는 안 됩니다. 예수 그리스도께서는 부정과 사망의 포로가 된 여자 이스라엘을 고치시고 살리십니다. 겹쳐 있는 이 두 사건 모두 '열둘'과 관련함으로 부정과 사망의 포로 가운데 있는 딸 이스라엘을 암시하지는 않을까요?

잡히시던 날 밤, 예수님께서는 **"열두 영"**[6] 더 되는 천사 군대를 동원하실 수 있었습니다(참고. 마 26:53). 그들은 예수 그리스도께 순복하는 시위대입니다. 그러나 '열두 지파'로 구성된 '하나님의 군대' 이스라엘은 오히려 예수님을 잡아 죽이기 위해 무기를 든 사람들을 그분께 보냅니다. 그 결과, 옛 이스라엘의 운명은 역전됩니다.

예수님께서는 그들을 대신하여 새 이스라엘의 열두 족장을 부르십니다. 열두 보좌에 앉아 옛 이스라엘을 심판할 권세를 그들에게 부여하십니다.

> "예수께서 가라사대 내가 진실로 너희에게 이르노니 세상이 새롭게 되어 인자가 자기 영광의 보좌에 앉을 때에 나를 좇는 너희도 **열두 보좌에 앉아 이스라엘 열두 지파를 심판하리라**"(마 19:28)

이것이 거짓 교회에 대한 사도들의 권세입니다. 이는 또한 사도들이 닦은 터 위에 세워진 참 교회의 권세이기도 합니다. 계시록 마지막 장면, 즉 하늘에서 내려온 새 **예루살렘은 '열둘(12)'의 상징으로 가득합니다.**

> "크고 높은 성곽이 있고 **열두 문**이 있는데 문에 **열두 천사**가 있고 그 문들 위에 이름을 썼으니 **이스라엘 자손 열두 지파의 이름들**이라12 동편에 세 문, 북편에 세 문, 남편에 세 문, 서편에 세 문이니13 그 성

---

6) 여기서의 "영"은 연대 또는 사단 병력을 의미합니다.

에 성곽은 **열두 기초석**이 있고 그 위에 **어린 양의 십이 사도의 열두 이름**이 있더라¹⁴ 내게 말하는 자가 그 성과 그 문들과 성곽을 척량하려고 금 갈대를 가졌더라¹⁵ 그 성은 네모가 반듯하여 장광이 같은지라 그 갈대로 그 성을 척량하니 **일만 이천 스다디온**⁷이요 장과 광과 고가 같더라¹⁶ 그 성곽을 척량하매 **일백사십사**⁸ **규빗**이니 사람의 척량 곧 천사의 척량이라¹⁷ 그 성곽은 벽옥으로 쌓였고 그 성은 정금인데 맑은 유리 같더라¹⁸ 그 성의 성곽의 기초석은 각색 보석으로 꾸몄는데 첫째 기초석은 벽옥이요 둘째는 남보석이요 셋째는 옥수요 네째는 녹보석이요¹⁹ 다섯째는 홍마노요 여섯째는 홍보석이요 일곱째는 황옥이요 여덟째는 녹옥이요 아홉째는 담황옥이요 열째는 비취옥이요 열한째는 청옥이요 열둘째는 자정이라⁹²⁰ 그 **열두 문은 열두 진주**니 문마다 한 진주요 성의 길은 맑은 유리 같은 정금이더라²¹"(계 21:12~21)

이 새 예루살렘의 기초석 위에는 "어린 양의 십이 사도의 열두 이름"이 있습니다(14절). 사도들이야말로 교회의 터를 닦은 '교회 창설 직원'이니까요(참고. 엡 2:20). 열두 문에는 "이스라엘 자손 열두 지파의 이름들"이 있습니다(12절). 이는 혈통적, 민족적으로 구성된 옛 이스라엘이 아닙니다. 어린양의 신부인 교회, 새 이스라엘을 가리킵니다. 열두 사도는 새 이스라엘의 기초석입니다. 이 문을 여닫는 권세가 교회에게 주어집니다.

---

7) 일만 이천(12,000)은 12×10^3입니다.

8) 일백사십사(144)는 12의 제곱(12^2, 12×12)입니다.

9) 열두 기초석에는 열두 사도의 이름(14절)과 열두 보석(20절)이 있었습니다. 열둘(12)의 연속입니다.

IV. '열하나(11)'의 상징과 이미지

이제 우리가 살펴볼 것은 '열둘(12)'에서 하나가 빠진 **'열하나(11)'**, 그리고 이것이 확대되어 나타난 **'일백십(110)'**과 **'일천일백(1,100)'**입니다.

4.1. '열한(11) 지파'

먼저 생각할 수 있는 것은, **'열하나(11)'는 열두 지파 중 한 지파가 궐이 난 상태**와도 같다는 점입니다. 사사기 전체에 걸쳐 이스라엘의 타락상이 나타납니다. 특히 사사기 19~20장에는 베냐민 지파의 타락상이 노골적으로 묘사됩니다. 베냐민 지파 자손들은 레위인의 첩에게 온갖 몹쓸 짓을 한 후 살해한 기브아의 "비류들"(19:22; 20:13)[10]을 재판석에 내놓지 않습니다. 오히려 보호하며 편듭니다. 교회 안에서 죄를 범한 자들을 비호하여 권징을 시행하지 않습니다. 권징을 할 바에는 차라리 교회가 분쟁하여 싸우는 편을 택합니다. 그 결과, 베냐민 지파와 다른 지파 연합군의 전쟁이 발발합니다. 처음에는 베냐민 지파가 승리했으나, 결국에 가서는 대패합니다. 베냐민 지파 군대 중 살아남은 자의 수는 겨우 육백 명입니다. 한 지파가 궐이 날 지경에 이르렀습니다.

> "백성이 벧엘에 이르러 거기서 저녁까지 하나님 앞에 앉아서 대성통곡하여₂ 가로되 이스라엘의 하나님 여호와여 오늘날 **이스라엘 중에 어찌하여 한 지파가 이즈러졌나이까** 하더니₃ … 이스라엘 자손이 그 형제 베냐민을 위하여 뉘우쳐 가로되 **오늘날 이스라엘 중에 한 지파가 끊쳤도다**₆ … 백성들이 베냐민을 위하여 뉘우쳤으니 이는 **여호와**

---

10) 한글개역성경에서 "비류들"로, 한글개역개정성경에서 "불량배들"로 번역된 히브리어를 직역하면, "벨리알의 아들들"입니다.

께서 이스라엘 지파들 중에 한 지파가 궐이 나게 하셨음이더라[15]"(삿 21:2~3, 6, 15)

따라서 적어도 사사기 19~21장에서 '**열하나(11)**'는 **언약 백성의 완전 수에 무언가 결핍이 발생**한 것과 관련됩니다.

4.2. '열한(11) 사도'

사도행전 1장 역시 '열둘(12)'에서 하나가 빠진 결핍을 보여줍니다. 예수님께서 택하여 세우신 열두 사도 중 가룟 유다의 배교와 자살로 인해 사도의 수는 '열하나(11)'가 됩니다. 그러나 기도와 제비뽑기[11]를 통해 사도의 수가 다시 '열둘(12)'로 회복됨으로 결핍이 채워집니다.

"제비 뽑아 맛디아를 얻으니 저가 **열한 사도의 수에 가입**하니라"(행 1:26)

4.3. 요셉과 여호수아의 '일백십(110)' 세

이런 점에서 볼 때, '열하나(11)'는 무엇인가 결핍이 발생한 상태를 의미하며, 이 때문에 그다음에 발생할 일에 대한 불길한 암시를 줍니다. 요셉은 '**일백십(110)**' 세에 죽습니다.

"요셉이 **일백십 세**에 죽으매 그들이 그의 몸에 향 재료를 넣고 애굽에서 입관하였더라"(창 50:26)

---

11) 제비뽑기는 구약 시대 계시 방법 중 하나입니다. 오순절 성령 강림 이후에는 제비뽑기가 사라집니다. 그 대신 투표가 시행됩니다(행 14:23). 행 14:23이 투표라는 점에 대해서는 권기현, "제3장 장로들을 택하여 세우다", 『선교, 교회의 사명: 성경적인 선교를 논하다』 (경북: R&F, 2012), 52~68을 참고하십시오.

요셉은 숨을 거두기 직전에도 친족들의 신앙이 얼마나 연약한지 잘 알고 염려합니다. 그래서 자신의 해골을 일종의 성례전적 표식(보는 말씀)으로 주어 형제들의 연약한 믿음을 굳게 하는 유언을 남깁니다. 창세기 50장 마지막에 기록된 요셉의 유언은 귀로 듣는 말씀(약속)과 눈으로 보여주는 말씀(해골)으로 구성되어 있습니다.

> "요셉이 그 형제에게 이르되 나는 죽으나 하나님이 너희를 권고하시고 너희를 이 땅에서 인도하여 내사 아브라함과 이삭과 야곱에게 맹세하신 땅에 이르게 하시리라 하고24 요셉이 또 이스라엘 자손에게 맹세시켜 이르기를 하나님이 정녕 너희를 권고하시리니 너희는 여기서 내 해골을 메고 올라가겠다 하라 하였더라25 요셉이 **일백십 세**에 죽으매 그들이 그의 몸에 향 재료를 넣고 애굽에서 입관하였더라 26"(창 50:24~26)

바로 다음, 출애굽기 1장에서 애굽의 압제와 이스라엘의 종살이가 시작됩니다.

'일백십(110)'과 관련한 중요한 다른 본문이 있습니다. 여호수아 역시 요셉과 같은 '일백십(110)'세를 향수하고 죽습니다. 나이가 든 여호수아는 언약의 장소인 세겜으로 온 이스라엘을 소집합니다. 장로들의 회(會)가 모였으나, 이는 이스라엘 전체를 대표하는 회(會)입니다.

> "여호수아가 이스라엘 모든 지파를 세겜에 모으고 이스라엘 장로들과 그 두령들과 재판장들과 유사들을 부르매 그들이 하나님 앞에 보인지라"(수 24:1)

이는 가나안 땅에 들어간 후 개최된 제2차 세겜 총회입니다. 제1차 세겜 총회는 수 8:30~35입니다. 이른바, '제1차 세겜 언약'입니다. 여기서 이스라엘은 그리심산과 에발산에 서고, 여호수아는 그 중간인 세겜에 서서 모세의 지시대로 언약식을 했습니다(참고. 신명기 27장).

"때에 여호수아가 이스라엘의 하나님 여호와를 위하여 에발산에 한 단을 쌓았으니30 이는 여호와의 종 모세가 이스라엘 자손에게 명한 것과 모세의 율법책에 기록된 대로 철 연장으로 다듬지 아니한 새 돌로 만든 단이라 무리가 여호와께 번제와 화목제를 그 위에 드렸으며 31 여호수아가 거기서 모세의 기록한 율법을 이스라엘 자손의 목전에서 그 돌에 기록하매32 온 이스라엘과 그 장로들과 유사들과 재판장들과 본토인뿐 아니라 이방인까지 여호와의 언약궤를 멘 레위 사람 제사장들 앞에서 궤의 좌우에 서되 절반은 그리심산 앞에, 절반은 에발산 앞에 섰으니 이는 이왕에 여호와의 종 모세가 이스라엘 백성에게 축복하라고 명한 대로 함이라33 그 후에 여호수아가 무릇 율법책에 기록된 대로 축복과 저주하는 율법의 모든 말씀을 낭독하였으니34 모세의 명한 것은 여호수아가 이스라엘 온 회중과 여인과 아이와 그들 중에 동거하는 객들 앞에 낭독하지 아니한 말이 하나도 없었더라35"(수 8:30~35; 참고. 신명기 27장)

세월이 흘렀습니다. 이제 여호수아는 늙었습니다. 그는 죽기 전 제2차 세겜 총회를 소집합니다(여호수아 24장). 여호수아는 이스라엘이 여호와를 선택하든지 아니면 이방 신을 선택하든지 결단할 것을 요구합니다. 이스라엘은 여호와를 섬기겠다고 서약합니다. 이에 여호수아는 첫 번째 세겜 언약에 이어, 두 번째 세겜 언약을 세웁니다.

"그날에 여호수아가 세겜에서 백성으로 더불어 언약을 세우고 그들을 위하여 율례와 법도를 베풀었더라₂₅ 여호수아가 이 모든 말씀을 하나님의 율법책에 기록하고 큰 돌을 취하여 거기 여호와의 성소 곁에 있는 상수리나무 아래 세우고₂₆ 모든 백성에게 이르되 보라 이 돌이 우리에게 증거가 되리니 이는 여호와께서 우리에게 하신 모든 말씀을 이 돌이 들었음이라 그런즉 너희로 너희 하나님을 배반치 않게 하도록 이 돌이 증거가 되리라 하고₂₇ 백성을 보내어 각기 기업으로 돌아가게 하였더라₂₈"(수 24:25~28)

엄숙한 서약입니다. 이렇게 여호수아는 마지막 사명을 수행하고, '일백십(110)' 세에 죽습니다. 두 번째 세겜 언약 다음 구절에 그의 죽음이 기록되어 있다는 점이 의미심장합니다.

"이 일 후에 여호와의 종 눈의 아들 여호수아가 **일백십 세**에 죽으매"
(수 24:29)

그런데 성경은 여호수아가 일백십(110) 세에 죽었다는 내용과 당대 장로들이 생존할 때만 여호와를 경외했다는 내용을 서로 연결하여 기록합니다. 심지어 여호수아와 같은 나이를 향수하고 죽은 "요셉의 뼈를 세겜에 장사"했다는 내용까지 연결하여 기록합니다.

"이 일 후에 여호와의 종 눈의 아들 여호수아가 **일백십 세**에 죽으매
₂₉ 무리가 그를 그의 기업의 경내 딤낫 세라에 장사하였으니 딤낫 세라는 에브라임 산지 가아스 산 북이었더라₃₀ 이스라엘이 여호수아의 사는 날 동안과 여호수아 뒤에 생존한 장로들 곧 여호와께서 이

스라엘을 위하여 행하신 모든 일을 아는 자의 사는 날 동안 여호와를 섬겼더라₃₁ 이스라엘 자손이 애굽에서 이끌어 낸 **요셉의 뼈를 세겜에 장사**하였으니 이곳은 야곱이 세겜의 아비 하몰의 자손에게 금 일백 개를 주고 산 땅이라 그것이 요셉 자손의 기업이 되었더라₃₂"(수 24:29~32)

그러나 여호수아와 그의 동료 장로들이 모두 다 죽자, 이스라엘은 즉시 배교합니다. 사사기 2장과 여호수아 24장은 이렇게 연결됩니다.

"백성이 여호수아의 사는 날 동안과 여호수아 뒤에 생존한 장로들 곧 여호와께서 이스라엘을 위하여 행하신 모든 큰일을 본 자의 사는 날 동안에 여호와를 섬겼더라₇ 여호와의 종 눈의 아들 여호수아가 **일백십 세**에 죽으매₈ 무리가 그의 기업의 경내 에브라임 산지 가아스 산 북 딤낫 헤레스에 장사하였고₉ 그 세대 사람도 다 그 열조에게로 돌아갔고 그 후에 일어난 다른 세대는 여호와를 알지 못하며 여호와께서 이스라엘을 위하여 행하신 일도 알지 못하였더라₁₀ 이스라엘 자손이 여호와의 목전에 악을 행하여 바알들을 섬기며₁₁ 애굽 땅에서 그들을 인도하여 내신 그 열조의 하나님 여호와를 버리고 다른 신 곧 그 사방에 있는 백성의 신들을 좇아 그들에게 절하여 여호와를 진노하시게 하였으되₁₂ 곧 그들이 여호와를 버리고 바알과 아스다롯을 섬겼으므로₁₃"(삿 2:7~13; 참고. 수 24:29~32)

그러므로 요셉의 '일백십(110)' 세와 여호수아의 '일백십(110)' 세라는 나이의 공통점은 이스라엘의 연약한 신앙과 그 이후의 불길한 사태입니다. 여호수아와 요셉의 나이는 단순히 우연한 일치가 아니라 **이스라**

엘의 연약한 신앙 상태와 중보자의 염려, 그리고 그 후에 발생할 불행이라는 큰 주제와 맞물려 함께 굴러갑니다. 이 주제는 "요셉의 해골(עֶצֶם, 에쳄)"이라는 표현이 등장하는 세 본문(창 50:25; 출 13:19; 수 24:32) 모두에서 나타납니다.

첫 번째 본문은 요셉이 죽기 전, 자신의 친족 이스라엘 백성들의 연약한 신앙을 염려하는 장면입니다(창 50:24~26). 요셉은 이스라엘 백성들이 출애굽 할 때, 자신의 "해골"을 가져갈 것을 맹세하게 한 후, 일백십 세에 죽습니다. 그다음, 출애굽기 1장에서 "요셉을 알지 못하는 새 왕이 일어나서"(출 1:8) 이스라엘을 압제하기 시작합니다.

두 번째 본문은 이스라엘이 출애굽 할 때의 장면입니다(출 13:17~22). 하나님께서는 이스라엘이 "전쟁을 보면 뉘우쳐 애굽으로 돌아갈" 것을 걱정하십니다. 바로 그때, 모세는 "요셉의 해골"을 취해 애굽에서 가지고 나갑니다. 그리고 하나님께서는 구름 기둥 – 불기둥으로 그들 앞서 인도하십니다. 요셉의 해골과 구름 기둥 – 불기둥은 눈에 보이는 말씀입니다. 그러나 아니나 다를까 곧이어 이스라엘은 광야 생활 중 끊임없이 원망과 불평을 늘어놓고, 자주 반역합니다.

> "바로가 백성을 보낸 후에 블레셋 사람의 땅의 길은 가까울찌라도 하나님이 그들을 그 길로 인도하지 아니하셨으니 이는 하나님이 말씀하시기를 **이 백성이 전쟁을 보면 뉘우쳐 애굽으로 돌아갈까 하셨음**이라17 그러므로 하나님이 홍해의 광야 길로 돌려 백성을 인도하시매 이스라엘 자손이 애굽 땅에서 항오를 지어 나올 때에18 모세가 **요셉의 해골**을 취하였으니 이는 요셉이 이스라엘 자손으로 단단히 맹세케 하여 이르기를 하나님이 필연 너희를 권고하시리니 너희는 나의 해골을 여기서 가지고 나가라 하였음이었더라19 그들이 숙곳에서

발행하여 광야 끝 에담에 장막을 치니₂₀ 여호와께서 그들 앞에 행하
사 낮에는 구름 기둥으로 그들의 길을 인도하시고 밤에는 불기둥으
로 그들에게 비취사 주야로 진행하게 하시니₂₁ **낮에는 구름 기둥, 밤
에는 불기둥**이 백성 앞에서 떠나지 아니하니라₂₂"(출 13:17~22)

요셉의 해골이 등장하는 세 번째 본문은 제2차 세겜 총회입니다(여호
수아 24장). 여호수아는 이스라엘의 연약한 신앙을 염려하고, 서약을 받
아냅니다. 여호수아가 언약을 갱신한 후 일백십 세에 죽자, 성경은 여
호수아의 시신과 요셉의 해골¹²을 세겜에 장사하는 내용을 연결하여
기록합니다(수 24:29~32). 여호수아와 그의 동료 장로들이 모두 죽자,
"여호와를 알지 못하"는 세대가 일어나 급속히 배교합니다(삿 2:7~13).
  "요셉의 해골"이 등장하는 이 세 본문의 공통점은 **이스라엘의 연약
한 신앙 상태와 중보자의 염려, 그리고 그 후에 나타날 불행**입니다. 요
셉의 '일백십(110)' 세와 여호수아의 '일백십(110)' 세는 단순히 숫자만의
일치가 아니라 큰 주제 가운데 포함된 작은 무대장치이며, 암시입니
다.

4.4. 미가와 블레셋의 은 '일천일백(1,100)'

이제 '열하나(11)'와 '일백십(110)'이 좀 더 확장된 '일천일백(1,100)'을
살펴보겠습니다. 사사기의 특이한 점 중 하나는 '일백십(110)'의 상징과
이미지가 확대된 **'일천일백(1,100)'**이 반복하여 나타난다는 점입니다.
자기 모친의 은 '일천일백(1,100)'을 훔친 미가는 결국 그것으로 우상을
만듭니다.

---

12) 한글개역성경과 한글개역개정성경에서 요셉의 "뼈"(수 24:32)라고 번역된 이 단어는 창
    50:25와 출 13:19에서 요셉의 "해골"이라고 번역된 바로 그 단어 "עֶצֶם(에쳄)"입니다.

"에브라임 산지에 미가라 이름하는 사람이 있더니₁ 그 어미에게 이르되 어머니께서 은 **일천일백**을 잃어버리셨으므로 저주하시고 내 귀에도 말씀하셨더니 보소서 그 은이 내게 있나이다 내가 그것을 취하였나이다 어미가 가로되 내 아들이 여호와께 복 받기를 원하노라 하니라₂ 미가가 은 **일천일백**을 그 어미에게 도로 주매 어미가 가로되 내가 내 아들을 위하여 한 신상을 새기며 한 신상을 부어만들 차로 내 손에서 이 은을 여호와께 거룩히 드리노라 그러므로 내가 이제 이 은을 네게 도로 돌리리라₃ 미가가 그 은을 어미에게 도로 주었으므로 어미가 그 은 이백을 취하여 은장색에게 주어 한 신상을 새기며 한 신상을 부어 만들었더니 그 신상이 미가의 집에 있더라₄ 이 사람 미가에게 신당이 있으므로 또 에봇과 드라빔을 만들고 한 아들을 세워 제사장을 삼았더라₅ 그 때에는 이스라엘에 왕이 없으므로 사람마다 자기 소견에 옳은 대로 행하였더라₆"(삿 17:1~6)

그리고 실로에 있는 성막의 모조품을 만듭니다. 개인 성소(산당)를 소유하고, 에봇과 드라빔까지 만듭니다(5절). 거기다 떠돌아다니는 레위 소년을 개인 가문의 제사장으로 고용합니다(삿 17:6 이하). 미가 개인에서 한 가문으로 이어진 배교는 이후 단 지파의 배교를 초래합니다(사사기 18장). 사사기는 17~18장에 이르는 이 단락의 마지막에 이 떠돌이 레위인이 모세의 후손이라고 명시함으로써 독자에게 충격을 안깁니다.

"단 자손이 자기를 위하여 그 새긴 신상을 세웠고 모세의 손자 게르손의 아들 요나단과 그 자손은 단 지파의 제사장이 되어 이 백

성이 사로잡히는 날[13]까지 이르렀더라[30] 하나님의 집이 실로에 있
을 동안에 미가의 지은바 새긴 신상이 단 자손에게 있었더라[31]"(삿
18:30~31)

이 모든 불길한 사태는 미가가 은 "일천일백(1,100)"을 도둑질한 데서
시작합니다.

이제 장면을 삼손으로 옮겨가겠습니다. 삼손은 위대한 사사이지만,
한편으로는 이방 족속과 싸운 사사 중 "이스라엘을 구원하였더라"는
표현이 없는 유일한 사사입니다. 구원을 완성하지 못하고, 단지 구원
을 시작하는 사명이 그에게 주어졌습니다(삿 13:5). 물론 그는 이 사역
을 완수하고 죽습니다. 삼손이 성취하지 못한 구원은 그와 동시대 사
사 사무엘을 거쳐 결국 다윗 치세에 와서야 완성됩니다(물론 이 모두는 장
차 오실 예수 그리스도께서 성취하실 구원에 대한 예고편입니다).

아무튼, 삼손은 위대한 사사지만, 그는 구원을 시작하기만 하고 완
성하지는 못합니다. 그의 연약함을 가장 잘 들추어낸 사람은 바로 악
녀 들릴라입니다. 블레셋 다섯 방백(가드, 가사, 아스돗, 아스글론, 에글론)은
들릴라에게 각각 은 '일천일백(1,100)', 그래서 도합 '오천오백(5,500)'을
주기로 약속합니다.

"블레셋 사람의 방백들이 그 여인에게로 올라와서 그에게 이르되 삼
손을 꾀어서 무엇으로 말미암아 그 큰 힘이 있는지 우리가 어떻게 하
면 그를 이기어서 결박하여 곤고케 할 수 있을는지 알아보라 그리하
면 우리가 각각 은 **일천일백**을 네게 주리라"(삿 16:5)

---

13) 이는 이스라엘이 블레셋에게 대패하여 언약궤를 빼앗긴 사건을 가리킵니다(사무엘상 4
장; 시 78:59~61).

이때부터 삼손은 서서히 약한 모습을 보이기 시작하고, 마침내 블레셋의 손에 사로잡힙니다.

이스라엘 한 지파가 궐위 된 '열한(11)' 지파, 열두 사도 중 가룟 유다가 빠진 '열한(11)' 사도, 요셉의 '일백십(110)' 세, 여호수아의 '일백십(110)' 세, 미가의 은 '일천일백(1,100)', 그리고 블레셋 각 대표가 들릴라에게 약속한 은 '일천일백(1,100)'….

이상은 모두 얼마 뒤에 발생할 불길한 사태에 대한 암시입니다. '열하나(11)'는 '열둘(12)'에서 하나가 결핍된 숫자입니다. '일백십(110)'은 '일백이십(120)'에서 '십(10)'이 빠진 숫자입니다. '일천일백(1,100)'은 '일천이백(1,200)'에서 '일백(100)'이 빠진 숫자입니다. 이 결핍은 이스라엘의 연약함과 결합하여 좋지 않은 미래와 연결됩니다.

V. '열셋(13)'의 상징과 이미지

필자가 이제까지 설명한 것이 옳다면, '열둘(12)'에서 하나를 더한 '열셋(13)' 역시 아무런 의미가 없다고 보기 힘듭니다.

5.1. '열세(13) 지파'

성경에서 '열셋(13)'과 관련하여 가장 먼저 떠올릴 수 있는 것은 **이스라엘 지파의 수**입니다. 이스라엘 '열두(12)' 지파의 기원은 야곱의 '열두(12)' 아들입니다. 그런데 야곱은 노후에 요셉을 불러 중요한 변화를 말합니다.

"내가 애굽으로 와서 네게 이르기 전에 애굽에서 네게 낳은 두 아들

에브라임과 므낫세는 내 것이라 르우벤과 시므온처럼 내 것이 될 것
이요₅ 이들 후의 네 소생이 네 것이 될 것이며 그 산업은 그 형의 명
의하에서 함께 하리라₆"(창 48:5~6)

야곱은 자신의 손자이자 요셉의 두 아들인 므낫세와 에브라임을 요
셉의 다른 형제들과 동등한 아들로 규정합니다. 즉, 요셉의 두 아들은
요셉의 형제와 같이 된 것입니다. 이는 야곱이 요셉의 두 아들을 양아
들로 입양한 것과 같습니다. 이로 인해 요셉 지파는 므낫세와 에브라
임 두 지파가 됩니다. 이는 요셉이 야곱의 **장자**라는 뜻이기도 합니다.
장자는 다른 형제들에 비해 두 배의 유산을 상속받기 때문입니다.

"어떤 사람이 두 아내를 두었는데 하나는 사랑을 받고 하나는 미움을
받다가 그 사랑을 받는 자와 미움을 받는 자가 둘 다 아들을 낳았다
하자 그 미움을 받는 자의 소생이 장자여든₁₅ 자기의 소유를 그 아들
들에게 기업으로 나누는 날에 그 사랑을 받는 자의 아들로 장자를 삼
아 참 장자 곧 미움을 받는 자의 아들보다 앞세우지 말고₁₆ 반드시 그
미움을 받는 자의 아들을 장자로 인정하여 자기의 소유에서 그에게
는 **두 몫**을 줄 것이니 그는 자기의 기력의 시작이라 **장자의 권리**가
그에게 있음이니라₁₇"(신 21:15~17)

"이스라엘의 장자 르우벤의 아들들은 이러하니라 (르우벤은 장자라
도 그 아비의 침상을 더럽게 하였으므로 장자의 명분이 이스라엘의
아들 요셉의 자손에게로 돌아갔으나 족보에는 장자의 명분대로 기록
할 것이 아니니라₁ 유다는 형제보다 뛰어나고 주권자가 유다로 말미
암아 났을찌라도 **장자의 명분은 요셉에게 있으니라**)₂"(대상 5:1~2)

"내가 네게 네 형제보다 일부분을 더 주었나니 이는 내가 내 칼과 활로 아모리 족속의 손에서 빼앗은 것이니라"(창 48:22)

많은 사람이 이스라엘을 '열두(12) 지파'라고 부르긴 하지만, **출애굽 이후 이스라엘은 거의 언제나 실제로는 '열세(13) 지파'**였습니다. 므낫세와 에브라임은 각각 독립된 지파로 존재합니다. 이십 세 이상으로 전쟁을 수행할 남자를 계수할 때도(민 1:32~35; 26:28~37), 진 칠 때도 따로입니다(민 2:18~21). 에브라임과 므낫세는 베냐민과 함께 성막 서편에 진을 치지만, 독립된 지파로서 그렇게 합니다. 진을 거두어 행군할 때도 마찬가지이며, 인솔자 역시 각기 따로입니다(민 10:22~23). 가나안 땅을 탐지하기 위해 선발된 두령 역시 각기 독립적입니다. 에브라임 지파는 여호수아를, 므낫세 지파는 갓디를 정탐꾼으로 보냅니다(민 13:8, 11). 심지어 가나안 땅에 들어가서도, 므낫세와 에브라임은 각각 서로 다른 지역의 땅을 기업으로 받습니다(수 13:29~31; 16~17장).

요셉의 자손 므낫세와 에브라임이 각각 독립된 지파가 확실하다면, 이스라엘을 '열세(13) 지파'라고 불러야 하지 않겠습니까? 그러나 우리는 하나님께서 이스라엘의 장자들을 대신하여 레위 지파 전체를 받으셨다는 사실을 기억해야 합니다(민수기 3장, 특히 12~13, 44~51절). 레위 지파가 하나님께 봉헌됨으로써 나머지 지파의 수는 다시 '열둘(12)'이 됩니다. 성막에서 좀 거리를 두고 진을 친 '열두' 지파와 달리, 레위 지파는 성막 좀 더 가까운 곳 사방에 진을 칩니다.

여기서 한 가지 지나치지 말아야 할 것이 있습니다. 요셉의 자손이 두 지파가 될 것이라는 야곱의 예언에 **'사망'의 문제가 결부**되어 있다는 사실입니다. 하나는 라헬의 죽음, 다른 하나는 야곱 자신의 죽음입니다.

"내가 애굽으로 와서 네게 이르기 전에 **애굽에서 네게 낳은 두 아들 에브라임과 므낫세는 내 것이라** 르우벤과 시므온처럼 내 것이 될 것 이요5 이들 후의 네 소생이 네 것이 될 것이며 그 산업은 그 형의 명 의하에서 함께 하리라6 내게 관하여는 내가 이전에 내가 밧단에서 올 때에 **라헬이 나를 따르는 노중 가나안 땅에서 죽었는데** 그곳은 에 브랏까지 길이 오히려 격한 곳이라 내가 거기서 그를 에브랏 길에 장 사하였느니라 (에브랏은 곧 베들레헴이라)7"(창 48:5~7)

"이스라엘이 요셉에게 또 이르되 **나는 죽으나** 하나님이 너희와 함께 계시사 너희를 인도하여 너희 조상의 땅으로 돌아가게 하시려니와21 **내가 네게 네 형제보다 일부분을 더 주었나니** 이는 내가 내 칼과 활 로 아모리 족속의 손에서 빼앗은 것이니라22"(창 48:21~22)

야곱은 요셉 자손이 두 지파가 될 것을 예언하면서 라헬의 죽음을 상기시킵니다. 사랑하는 라헬이 죽을 때, 야곱은 하늘이 무너지는 듯 한 아픔을 느꼈을 것입니다. 라헬의 죽음과 맞바꾼 아들이 바로 요셉 의 친동생 베냐민입니다. 라헬은 죽으면서 자기 아들 이름을 "벤-오니 (בֶּן־אוֹנִי)", 즉 '슬픔의 아들'이라고 부릅니다. 그러나 야곱은 그 이름을 바꿔 "빈야민(בִּנְיָמִן)", 즉 권세와 능력을 뜻하는 '오른손의 아들'이라 부 릅니다(창 35:18[14]). "벤-오니"가 인간이 도저히 극복할 수 없는 사망의 강력한 권능을 의미한다면, "빈야민"은 **사망의 장벽을 넘어 역사하시 는 전능하신 하나님**(אֵל שַׁדַּי, 엘 샫다이)에 대한 신앙고백을 담고 있습니 다.

---

14) "그가 죽기에 임하여 그 혼이 떠나려 할 때에 아들의 이름은 베노니라 불렀으나 그 아비 가 그를 베냐민이라 불렀더라"(창 35:18)

야곱은 라헬의 죽음을 가져와 요셉의 두 아들의 미래를 예언합니다. 야곱은 오랫동안 요셉이 죽은 줄 알고 지냈습니다. 이 믿음의 족장은 사망의 장벽에 둘러싸였습니다. 할 수 있는 것이 없었습니다. 그러나 요셉이 살아 있을 뿐 아니라 애굽의 총리가 되었다는 소식을 들었고, 이곳 고센 땅으로 왔습니다. 이제 족장 야곱은 죽었다가 살아난 아들 요셉의 후손이 장차 두 지파가 될 것을 예언합니다. 전능하신 하나님께서 이루실 구원은 죽음에서 시작하여 부활의 강을 지나 더 크게 확장될 것입니다.

창세기 48장 마지막에서, 야곱은 요셉의 자손이 두 지파가 될 것이라는 예언을 자신의 죽음과 결부시킵니다.

> "… 나는 죽으나 하나님이 너희와 함께 계시사…₂₁ 내가 네게 네 형제
> 보다 일부분을 더 주었나니…₂₂"(창 48:21~22)

이 역시 예언인 동시에 죽음의 장벽을 넘어 역사하시는 부활의 하나님, 전능하신 하나님에 대한 신앙고백입니다. 야곱은 죽으나, 죽었다가 부활한 아들 요셉이 살아 있습니다. 그리고 요셉 자손은 두 지파가 될 것입니다(죽음-부활-확장).

이스라엘이 '열두(12) 지파'였으나, '열세(13) 지파'로 불어난 기원을 설명하는 이 기사narrative에는 죽음과 부활의 주제가 담겨 있습니다. 요셉이 죽었다고 생각하는 순간, 야곱의 아들은 '열하나(11)'가 되었습니다. 언약 백성의 완전수에 결핍이 생깁니다. 죽었다고 생각한 요셉이 살아서 애굽의 총리가 되었으므로 야곱의 아들은 다시 '열둘(12)'이 됩니다. 언약 백성의 완전수가 다시 회복됩니다. 그러나 하나님의 구속사는 여기서 한 걸음 더 나아갑니다. 야곱은 라헬의 죽음을 상기하

는 동시에 이제 곧 있을 자신의 죽음을 언급합니다. 그러나 '전능하신 하나님(엘 샤다이)'께서는 죽음의 장벽을 넘어서 역사하십니다. 그분은 '부활의 하나님'이십니다. 므낫세와 에브라임은 이제 야곱의 손자가 아니라 르우벤, 시므온과 같은 아들이 될 것입니다. 요셉은 두 분깃을 차지할 것입니다. 그래서 야곱의 아들은 이제 '열셋(13)'이 될 것입니다. 이런 점에서 볼 때, **'열셋(13)'은 이스라엘의 부활**을 암시합니다. 이스라엘의 '충만한 수'에서 그치지 않고, **신비로운 하나님의 경륜으로 인해 더 큰 역사가 발생**할 것에 대한 소망입니다.

5.2. '열두(12)' 사도와 이방인의 사도 바울

예수님께서는 '열두(12)' 사도를 세우셨습니다(눅 6:12~16; 참고. 마 10:1~4; 막 3:13~19). 가룟 유다의 배교와 자살로 사도의 수는 '열하나(11)'로 줄어들어 결핍이 생깁니다. 그러나 맛디아가 사도가 됨으로써 사도의 수는 다시 '열둘(12)'로 회복됩니다.

그런데 이후에 예수님께서는 교회를 핍박하는 데 최선봉에 선 바울을 불러 사도로 세우십니다. 기존의 '열두(12)' 사도가 있기에 '바울이 정말 예수 그리스도의 사도로 부르심을 받았을까?' 의심하는 사람이 많았습니다. 그 외에도 여러 가지 이유로, 반대자들은 바울을 배척합니다. 어떤 사람들은 교리적인 이유로,[15] 또 어떤 사람들은 사도의 자격[16]을 들어 배척합니다.

---

15) 예를 들어, 유대주의의 옛 관습을 버리지 못한 많은 거짓 교사들과 추종자들은 '오직 믿음'으로 의롭다 하심을 받는다고 가르친 사도 바울을 배척했습니다.

16) 사도의 자격에 대해서는 행 1:21~22에 명시되어 있습니다. 첫째 예수님과 동행하면서 직접 배운 사람이어야 하며, 둘째 부활하신 그분을 목격한 사람이어야 했습니다. 바울은 자신이 전한 복음이 다른 사람에게서 배운 것이 아니라 예수 그리스도의 계시로 받은 것임을 명시합니다(갈 1:11~12). 이뿐 아니라 자신이 부활하신 예수님을 보았다고 밝힙니다

바울까지 포함하면 사도의 수는 '열셋(13)'이 됩니다. 이것이 어떻게 가능하겠습니까? 예수님께서는 매우 의도적으로 '열둘(12)'을 사도로 세우셨습니다. 이는 옛 이스라엘 '열두(12)' 지파를 상기시키는 동시에 새 이스라엘의 출범을 내다보는 행동 계시입니다. 그런데 바울까지 사도로 인정한다면 '열둘(12)'이라는 원래 의미가 퇴색하지 않겠습니까?

그러나 우리는 바울이 **"이방인의 사도"**로 자신을 소개하고 있다는 점에 주목해야 합니다.

> "그로 말미암아 우리가 은혜와 **사도의 직분**을 받아 그 이름을 위하
> 여 **모든 이방인 중에서 믿어 순종케 하나니**"(롬 1:5)

> "내가 이방인인 너희에게 말하노라 내가 **이방인의 사도**인 만큼 내
> 직분을 영광스럽게 여기노니"(롬 11:13)

> "이를 위하여 내가 전파하는 자와 **사도**로 세움을 입은 것은 참말이요
> 거짓말이 아니니 믿음과 진리 안에서 내가 **이방인의 스승**이 되었노
> 라"(딤전 2:7)

특히 갈라디아서에서 바울은 베드로를 비롯한 다른 사도들은 "할례자의 사도"이며, 자신은 "이방인에게 사도"가 되었다고 선포합니다.

> "베드로에게 역사하사 그를 **할례자의 사도**로 삼으신 이가 또한 내게
> 역사하사 나를 **이방인에게 사도**로 삼으셨느니라8 또 내게 주신 은혜

_____

(고전 9:1; 15:8). 그러나 반대자들은 이를 의심했습니다.

를 알므로 기둥같이 여기는 야고보와 게바와 요한도 나와 바나바에
게 교제의 악수를 하였으니 이는 **우리는 이방인에게로, 저희는 할례
자에게로** 가게 하려 함이라"(갈 2:8~9)

이 말에 비추어볼 때, '열두(12)' 사도의 원래 의미는 전혀 퇴색하지
않습니다. 예수님께서는 먼저 이방인보다는 "이스라엘 집의 잃어버린
양들"을 위해 '열두(12)' 사도를 택하셨습니다.

"예수께서 이 열둘을 내어 보내시며 명하여 가라사대 이방인의 길로
도 가지 말고 사마리아인의 고을에도 들어가지 말고, 차라리 이스라
엘 집의 잃어버린 양에게로 가라"(마 10:5~6)

그러니 사도의 수 '열둘(12)'은 분명 이스라엘 '열두(12)' 지파를 상기
시킵니다. 하나님께서는 여기서 한 걸음 더 나아가십니다. **바울을 사
도로 세워 이방인들까지 이 새 이스라엘로 초청**하십니다. 이는 이방인
들이 이스라엘에 접붙임을 받았다고 설명한 로마서와 부합합니다.

"또한 가지 얼마가 꺾여졌는데 돌감람나무인 네가 그들 중에 접붙임
이 되어 참감람나무 뿌리의 진액을 함께 받는 자 되었은즉"(롬 11:17)

그러므로 **'열두(12)' 사도에 바울이 추가된 수 '열셋(13)'은 원래 의미
를 약화하는 대신 오히려 강화합니다.** 이방인들이 하나님 나라로 침
노합니다. '열하나(11)'가 되어 사도단에 결핍이 생깁니다. 맛디아가 들
어감으로써 사도단은 다시 '열둘(12)'로 회복됩니다. 바울이 "이방인의
사도"가 됨으로 하나님의 구원이 이방 세계 전체로 확장됩니다(죽음-

부활-확장). "돌감람나무"인 이방인들이 "참감람나무"에 접붙임을 받음으로 사망의 포로가 된 자들에게 생명이 주어집니다. 이런 점에서, **바울이 가세한 '열셋(13)'은 부활, 그리고 구속사의 진전과 구원의 확장을 내포**합니다.

이 사실은 요셉 자손이 므낫세와 에브라임이라는 두 지파를 이루어 '열세(13)' 지파가 된 것과 숫자뿐 아니라 내용상의 병행도 있습니다. 애굽으로 간 요셉은 애굽 사람과 결혼하여 두 아들 므낫세와 에브라임을 낳습니다.

> "흉년이 들기 전에 요셉에게 두 아들을 낳되 곧 온 제사장 보디베라의 딸 아스낫이 그에게 낳은지라$_{50}$ 요셉이 그 장자의 이름을 므낫세라 하였으니 하나님이 나로 나의 모든 고난과 나의 아비의 온 집 일을 잊어버리게 하셨다 함이요$_{51}$ 차자의 이름을 에브라임이라 하였으니 하나님이 나로 나의 수고한 땅에서 창성하게 하셨다 함이었더라$_{52}$"(창 41:50~52)

야곱의 '열두(12)' 아들은 모두 레아와 라헬의 친아들이거나 양자[17]입니다. 레아와 라헬은 야곱의 친족입니다. 그러나 므낫세와 에브라임은 요셉이 애굽인과 결혼하여 태어난 자식들입니다. 창세기 앞부분에서 "미스라임"으로 소개된 애굽은 노아의 세 아들 중 '함'의 자손입니다(창 10:6, 13~14). 시편은 애굽이 '함'의 자손임을 명시합니다. '셈' 자손인 이스라엘이 '함' 자손인 애굽 땅에서 객이 된 것입니다.

---

17) 레아는 자기 여종 실바의 아들들을, 라헬은 자기 여종 빌하의 아들들을 각각 자기 아들로 삼았습니다.

"이에 이스라엘이 애굽에 들어감이여 야곱이 함 땅에 객이 되었도
다"(시 105:23)

이런 점에서 볼 때, 이스라엘과 이방의 혼혈인 에브라임 지파가 오
랫동안 장자권을 행사한 것은 참으로 놀라운 일입니다.[18] 이스라엘은
단순히 '열두(12)' 지파에서 '열세(13)' 지파로 그 수치만 증가한 것이 아
닙니다. '열셋(13)'으로 불어난 지파의 수는 (비록 당대에는 매우 희미하고 암
시적이지만) 구속사의 진전과 구원의 확장을 내포합니다. 저 멀리 이방
족속에 대한 구원을 희미하게 내다봅니다. 나중 된 자가 먼저 되고, 먼
저 된 자가 나중 될 것입니다. 참감람나무 가지가 꺾인 자리에 돌감람
나무가 접붙여진 것처럼 말입니다.

5.3. 아담과 야곱의 '일백삼십(130)' 세

이제 마지막으로 '열셋(13)'의 확장인 '일백삼십(130)'을 짧게 살펴보겠
습니다. 창세기에는 '일백삼십(130)'이라는 공통점을 가진 두 사람이 소
개되어 있습니다. 한 사람은 아담, 다른 한 사람은 야곱입니다. 전자는
창세기 앞부분에, 후자는 창세기 뒷부분에 등장합니다.

"아담이 **일백삼십 세**에 자기 모양 곧 자기 형상과 같은 아들을 낳아
이름을 셋이라 하였고"(창 5:3)

---

18) 이에 대해서는 창 48:14~20; 삿 8:1~3; 12:1~6; 시 78:9, 67~68; 대상 5:1~2를 참고하
십시오. 에브라임 지파는 오랜 기간, 특히 이 지파 출신 여호수아 당대부터 유다 지파에
서 다윗이 나오기까지, 가나안 정복 시기부터 사사 시대가 끝날 때까지 몇백 년간 이스라
엘의 장자 지파를 자처했습니다. 그러나 성경은 에브라임이 자신들의 책무보다는 오히려
권리만 주장한 사례를 적나라하게 고발합니다. 그 결과, 그들은 자신들의 지위를 박탈당
합니다(시 78:9, 67~68).

"바로가 야곱에게 묻되 네 연세가 얼마뇨8 야곱이 바로에게 고하되 내 나그네 길의 세월이 **일백삼십 년**이니이다 나의 연세가 얼마 못 되니 우리 조상의 나그네 길의 세월에 미치지 못하나 험악한 세월을 보내었나이다 하고9 야곱이 바로에게 축복하고 그 앞에서 나오니라 10"(창 47:8~10)

아담은 '일백삼십(130)' 세에 셋을 낳습니다. 야곱은 '일백삼십(130)' 세에 애굽으로 건너갑니다. 외견상, 이 둘 사이에는 '일백삼십(130)'이 라는 숫자 외에는 아무런 공통점이 없는 듯 보입니다. 그러나 열셋(13)' 의 이미지가 여기서도 나타납니다.

아담은 배교자 가인에 의해 믿음의 아들 아벨을 잃었습니다. '일백삼 십(130)' 세에 얻은 아들 셋을 가리켜, 아담은 하나님께서 "가인의 죽인 아벨 대신에" 주신 "씨"라고 고백합니다.

"아담이 다시 아내와 동침하매 그가 아들을 낳아 그 이름을 셋이라 하였으니 이는 **하나님이 내게 가인의 죽인 아벨 대신에 다른 씨를 주셨다** 함이며25 셋도 아들을 낳고 그 이름을 에노스라 하였으며 그 때에 사람들이 비로소 여호와의 이름을 불렀더라26"(창 4:25~26)

단순히 숫자 그 자체가 어떤 암호code나 부호cipher, 또는 비밀번호 password처럼 해답을 갖는 것이 아닙니다. 숫자는 그것과 결부된 기사 narrative와 문맥, 교훈과 연결되어 그 의미가 함축되거나 드러납니다. 아담이 236세에 셋을 낳았다고 해서 그 교훈이 바뀌는 것은 아닐지라 도, 그의 나이 '일백삼십(130)' 세는 셋의 탄생에 내포된 구속의 경륜과 맞닿아 있습니다. 이는 '열셋(13)'이 내포한 이미지의 확장입니다. 아벨이라는 믿음의 씨가 죽습니다. 언약 공동체에 결핍이 생깁니다. 죄와 죽음의 장벽이 구속사의 진행을 가로막습니다. 바로 그때, 하나님께서 이 죽음의 장벽을 넘어 역사하십니다. 아담은 하나님께서 아벨 대신 주신 믿음의 씨 셋을 통해 **부활**을 체험합니다. 셋은 에노스를 낳고, "여호와의 이름"을 부르는 예배 공동체를 이룹니다(죽음-부활-확장).

야곱은 어떻습니까? 그는 오랫동안 요셉이 죽었다고 생각했습니다. '열두(12)' 아들 중 하나가 사라져 언약 공동체에 결핍이 발생합니다. 요셉이 실종된 지 20년도 더 지난 '일백삼십(130)' 세에, 그는 요셉이 살아 있으며 애굽의 총리가 되었다는 소식을 듣습니다. 이때 야곱은 자신의 영혼이 되살아나는 것 같은 부활을 체험합니다.

> "그들이 또 요셉이 자기들에게 부탁한 모든 말로 그 아비에게 고하매
> 그 아비 야곱이 요셉의 자기를 태우려고 보낸 수레를 보고야 **기운이**
> **소생한지라**[19]"(창 45:27)

애굽으로 건너간 야곱은 바로와 만납니다. 나이를 묻자, '일백삼십 (130)' 세라고 대답합니다. 선조들에는 미치지 못하나, 그것이 자신의 험악한 나그넷길이라는 설명과 함께 말입니다. 여기서도 '일백삼심 (130)'이라는 숫자는 기사narrative와 문맥 가운데 나타난 교훈과 연결되어 상징적인 의미를 내포합니다.

죽음을 넘어선 부활, 그리고 구속사의 진전과 구원의 확장!

---

19) "기운이 소생한지라"에 해당하는 히브리 어구 "וַתְּחִי רוּחַ(와터히 루아흐)"를 "영이 살았다", "정신을 차렸다" 등으로 번역할 수 있습니다.

VI. 결론

결론적으로, '열둘(12)'은 언약 공동체의 충만함fullness과 관련되어 있습니다. '열하나(11)'는 언약 공동체의 결핍과 관련되어 있습니다. '열셋(13)'은 '열둘(12)'이 채워지는 부활과 함께 구원의 확장 그리고 하나님의 주권적인 경륜 속에 이루어지는 구속사의 진전과 관련되어 있습니다. 그리고 여기서 다양한 수들이 파생되어 이 주제를 더욱 풍성하게 해줍니다. 그 자체를 독립적으로 위치시켜 규정할 수는 없다 해도, 성경 속의 상징적인 수를 우연의 일치 또는 별 뜻 없는 배경으로 쉽사리 격하하는 것은 성급한 자세입니다.

오히려 우리는 이러한 숫자의 상징과 이미지를 통해 만유의 감독이신 하나님의 섬세한 손길을 발견합니다. 그분은 성경 속의 여러 배우를 세상이라는 무대 위에 올려 출연시키십니다. 배우들이 대사를 외고 연기할 때, 조명은 일제히 그들을 비춥니다. 섬세한 감독은 배우들에게 눈썹과 주름살, 흰머리 등의 분장을 하게 하고, 지팡이를 주어 허리를 굽히게 하십니다. 조명이 비춰는 그들 배후에는 여러 장치를 해놓으십니다. 그 배우가 넘어져 무릎이 까지도록 돌부리를 놓아두시고, 또 악역 배우가 나타나면 피할 나무와 바위도 마련하십니다. 의미 없는 무대장치는 없습니다. 불후의 명작이 나오기 위해서는 그것들이 필요하며, 또 그 자리에 있어야 합니다.

성구색인

개혁신앙강해 9
예수 그리스도의 사도

초판 1쇄   2022년 3월 21일
발 행 일   2022년 4월 11일
지 은 이   권기현 목사
펴 낸 이   장문영
펴 낸 곳   도서출판 R&F

등   록   제2011-03호(2011.02.18)
주   소   경북 경산시 하양읍 대학로 298길 20-9,
            110동 2003호(하양롯데아파트)
연 락 처   054.251.8760 / 010.4056.6328
이 메 일   hangyulhome@hanmail.net
디 자 인   김진희, 이은지

I S B N   979-11-975069-1-8
가   격   15,000원

$\mathcal{R\&F}$ (Reformed and Faith)는 종교개혁의 유산을 이어받아 개혁신앙을 바탕으로
이 땅의 교회가 바르고 건강하게 세워져 가기를 소망합니다.